DAS ERLEBNIS KÄSE

Ein **KOCHBUCH**
von **ROLAND TRETTL** *und der* **CAPRIZ FEINKÄSEREI**

GRIASST ENK!

Man sagt mir ja viel nach. Ich sei eigensinnig, stolz und frech. Einige halten mich netterweise für lebenslustig und fordernd. Ich gebe ja zu, mein Meckern, das ich nicht abstellen kann und will, fällt zuweilen ein bisschen vorwurfsvoll aus. Aber so ist das eben bei anspruchsvollen Wesen.

Viel wichtiger ist Euch ja eh meine Milch – auch wenn sich hier wieder die Geister scheiden. Einige wollen doch tatsächlich einen seltsamen, etwas strengen Beigeschmack darin erkennen. Zum Glück wissen aber die meisten von Euch dieses gesunde, schmackhafte und vorzügliche Elixier zu schätzen. Man kann daraus doch wirklich wunderbaren Käse zaubern. Und wenn wir mal ehrlich sind, ist mein Käse seit einigen Jahren der heimliche Star unter den Käsesorten. Vor allem der fein-säuerliche Geschmack, die zarte Textur und die Vielfalt machen ihn so beliebt. Es wurde höchste Zeit, dass wieder mehr von meiner Sorte in Südtirol beheimatet werden und die Ziegenkäseproduktion ein Revival erlebt.

Gut, gut – genug der Selbstbeweihräucherung. Natürlich habe ich auch schon davon gehört, dass es noch andere Käsesorten gibt. Und die sollen ja ebenfalls ganz köstlich sein. So plädiere ich hiermit lieber für die meiner Meinung nach wichtigsten Faktoren in der Verarbeitung jedweder Milch zu Käse: Regionalität, Authentizität, Handwerk, Qualität und Expertise. Wirklich guter Käse bedarf dieser Kriterien und natürlich eines guten Gespürs und viel Erfahrung.

Warum ich aber eigentlich dieses Vorwort für mich reserviert habe? Weil ich Euch viel Spaß beim Kochen wünschen möchte! Großartig, was der Herr Trettl da so alles mit meinem und anderem Käse kombiniert und zubereitet. Seht selbst und probiert es aus.

Guten Appetit!

INHALT

Über Capriz Feinkäserei

Ein Gespräch unter Freunden:
Heiner Oberrauch und Roland Trettl
über eine gemeinsame Leidenschaft
....06

Aus Leidenschaft zum Genuss
....10

Hubert Stockner: Käsemeister &
Fromelier aus Leidenschaft
....12

Capriz-Käsesorten aus
Roland Trettls Rezepten
....14

Rezepte Frühling

Gebackener Blumenkohl
mit Kräuter-Blattsalaten
....20

Maki Rolls mit
Ziegenfrischkäse und Apfel
....22

Pochierte Wachteleier
mit Käse-Polenta-Cracker
....24

Käse-Fenchelsüppchen
mit Thymianfrittaten
....26

Grüner Spargel mit Ziegello-Schaum
und Macadamianüssen
....28

Garganelli mit Morcheln und Kasus
....30

Gebratener Ziegenkäse auf
weißem Spargel
....32

Süßkartoffel-Espuma
mit Vanilleeis
....34

Basilikumtopfen mit
marinierten Erdbeeren
....36

Rezepte Sommer

Rucola-Frischkäse mit
gebratener Wassermelone und
knusprigem Fenchel
....40

Weiße Tomatenmousse mit
Mozzarella und Honigmelone
....42

Rohnen-Zwetschgensalat
mit Käse-Vinaigrette
....44

Peperoni-Kirsch-Gazpacho mit
Basilikum-Granita und Caprizino
....46

Pfifferling-Gurken-Eintopf
mit Sambucus
....48

Carbonito mit Steinpilzen und Avocado
....50

Melanzane-Blauschimmelcreme
mit Zucchinistreifen und Kirschtomaten
....52

Kaffee-Schokoladencreme mit Kiwi
....54

Himbeergrütze mit
Gorgonzola-Mascarponecreme
....56

Rezepte Herbst

Apfel-Sellerie-Terrine
mit Tête de Moine
....60

Apfel-Sellerie-Trauben-Salat
mit Kasus maximus
....62

Feigentarte mit Essig-Gelee
und Appenzeller
....64

Gebackene Graukaskrapfen
....66

Schalotten in Kohlesalzteig
mit Bergkäseschaum
....68

Nudelrisotto mit Steinpilzen,
Heidelbeeren und Roggenkas
....70

Kasus-Kartoffelnocken
mit Perlzwiebeln
....72

Milchreis mit Zwetschgenragout
und karamellisierten Kastanien
....74

Apfelsalat mit Caprizino-Creme
und Kürbiskernen
....76

Rezepte Winter

Hausgemachte Thymian-Ricotta
mit geschmortem
Radicchio Trevigiano
....80

Kürbiscreme mit
Ziegenparmesan-Chips
....82

Kastanien-Frühlingsrollen
mit Blauschimmelkäse-Dip
....84

Sellerie-Cheeseburger
....86

Gebackene Ziegenmilch
mit Rotwein-Melanzane
....88

Karotten in der Folie
mit Sapperlot
....90

Mit Bergkäse gefüllte Bratäpfel
....92

Tapioka-Creme mit Kokosnuss
und Zitrusfrüchten
....94

Milchrahmstrudel
mit Kloazncreme
....96

Wissenswertes

Käsesorten und Käsetypen
....98

Käsereifungen
....100

Küchenutensilien
....102

Bernard Antony über Käse
und Roland Trettl
....104

Käselexikon
....106

Kochjargon
....108

Anhang

Register
....110

Impressum
....112

EIN GESPRÄCH UNTER FREUNDEN

Heiner Oberrauch und Roland Trettl über eine gemeinsame Leidenschaft

Treffen sich zwei vom selben Schlag. Treffender kann man diese Zusammenkunft wohl nicht beschreiben. Dieses Kochbuch ist das Ergebnis einer inspirierenden Zusammenarbeit. Es ist Teil einer wahr gewordenen Vision. Denn sowohl Heiner Oberrauch als auch Roland Trettl haben sich mit ihrem Capriz-Engagement eines Projektes angenommen, mit dem sie zeigen wollen, was ein guter Käse ist, was ein guter Käse kann. Und vor allem, dass Südtirol genau der richtige Ort ist, um Feinkäse herzustellen. Mit diesem Kochbuch wollen beide anregen und Lust machen. Lust darauf, mehr über Käse zu erfahren, wirklich guten Käse, aufwendig und mit besten Zutaten hergestellt, zu kosten und beim Kochen zu verwenden. Sie wollen Werte und Wertvolles bewahren und setzen dabei ganz auf Südtirols Ressourcen: Herkunft, Tradition, Handwerk und Regionalität.

Anlässlich dieses Kochbuches haben sich beide noch einmal zusammengesetzt und Fragen beantwortet, geplaudert, philosophiert und gelacht.

Wie kam es zur Zusammenarbeit Capriz & Roland Trettl? Was verbindet Sie?

Roland Trettl: Uns verbindet nicht nur unsere Herkunft, sondern auch die Leidenschaft für gutes Essen und natürlich für Käse, der uns schließlich auch zusammengeführt hat. Ich habe das Gefühl, wir beide lassen uns gerne von unseren Visionen eine Zeit lang treiben und setzten diese dann aber auch um. Sonst säßen wir heute nicht hier. Das Capriz war von Anfang an ein überzeugendes

Projekt und hat sich mittlerweile als erste Feinkäserei in Südtirol etabliert. Ich bin froh, dass ich dazu einen kleinen Beitrag beisteuern kann.

Heiner Oberrauch: Schon vor unserem ersten Treffen habe ich einiges über Roland gelesen. Ich empfinde großen Respekt für seine kreative Schaffens- und Kochkunst, ebenso wie für seinen Tatendrang. Mich hat sein Mut beeindruckt, eine verantwortungsvolle, prestigeträchtige Position (Hangar-7 in Salzburg) aufzugeben, frei von Sicherheitsdenken in die Zukunft zu schauen – komme, was wolle. Dass er sich für seine Auszeit dann auch noch vorgenommen hat, verschiedene Handwerksberufe wie das Tischlern und das Käsen zu lernen, hat mich fasziniert. Umso mehr freut mich, dass Roland bei uns in die Lehre gegangen und es darüber hinaus zu dieser Zusammenarbeit gekommen ist.

Herr Oberrauch, wie kommt ein Mann wie Sie – der Mode, des Sports, der Technik – auf Ziegenkäse? Und was haben Sie sich anfangs dabei gedacht, Herr Trettl?

Heiner Oberrauch: Ich habe schon lange eine große Leidenschaft für Käse. Immer schon hat mich die Käsekultur in Frankreich fasziniert. Dort gibt es in jedem noch so kleinen Dorf einen Käsemarkt. Außerdem gibt es für mich kaum

etwas Schöneres, als nach einer Skitour in einer urigen Hütte zu sitzen – mit einem Chèvre, einem Baguette und einer Flasche Beaujolais. Ein anderer Grund findet sich sicherlich in meiner Kindheit. Ich bin mit den Ziegen aufgewachsen und irgendwie mag ich diese Tiere mit ihrem eigenwilligen Charakter. Wenn ich das Thema *Käse* von der unternehmerischen Seite betrachte, dann ist es mir durchaus ein wichtiges Anliegen, Dingen einen Wert zu geben. Ich arbeite gern mit dem, was Südtirol hergibt. Das reicht von Salewa über Lodenwelt bis hin zur Capriz Feinkäserei. Ich möchte dazu beitragen, die herrliche, kleinstrukturierte Landwirtschaft zu bewahren, in dem ich deren Erzeugnissen einen Mehrwert gebe. Aber eins sei an dieser Stelle nochmals gesagt: Einer alleine kann so etwas nicht stemmen. Ohne dieses unglaubliche Team, das dahinter steht, würde es Südtirols erste Feinkäserei nicht geben.

Roland Trettl: Die Frage, wie und warum ein Mann wie Heiner Oberrauch auf den Käse gekommen ist, hat mich auch beschäftigt. Meine anfänglichen Zweifel wurden aber innerhalb von Sekunden weggewischt, als wir uns das erste Mal gesehen haben und vor allem, als ich das erste Mal im Capriz war und selber Käse machen durfte. Eine großartige Erfahrung und ein erstaunliches Team. Ich arbeite einfach gerne hier. Man kommt rein und fühlt sich wie daheim.

Herr Oberrauch, Sie finden in Südtirol den Nährboden für all Ihre Visionen. Südtirol hat demnach enormes Potenzial. Wie sehen Sie das, Herr Trettl?

Heiner Oberrauch: In Südtirol liegt viel brach, wobei das Land zugleich vor Kapazitäten strotzt und meines Erachtens enormes Potenzial hat. Vor allem in puncto Lebensqualität. Wir verfügen hier über Raum, Zeit, Gesundheit, eine intakte Umwelt, funktionierende Infrastruktur und Rohmaterial. Wenn man sich überlegt, dass die Milchwirtschaft über 60 Prozent unserer Landwirtschaft ausmacht, dann war es tatsächlich an der Zeit, Kräfte zu bündeln, um Neues zu schaffen und dabei gleichzeitig Tradition zu bewahren. Mit der Capriz Feinkäserei nutzen wir unser Rohmaterial und füllen eine Lücke. Wir stellen Käse nach französischem Vorbild her: mesophiles Käsen und Ziegenkäse sind die Stichworte. Letzten Endes sind es doch die lokalen Produkte, die ein Land prägen – Südtirol allen voran. Die Menschen natürlich nicht zu vergessen, die derartiges ermöglichen.

Roland Trettl: Südtirol ist kulinarisch begnadet. Es steht für absolut erstklassige Warengüte und vielfältige Küche. Regionalität wird hier groß geschrieben. Wo, wenn nicht hier sollte man eine

Feinkäserei aufbauen? Die Voraussetzungen könnten nicht besser sein. Der Capriz-Käse ist 100 Prozent regional und spiegelt deshalb auch wieder, was unsere Region kann.

Grund haben wir auch eine Erlebniswelt mit Museum und Schaukäserei errichtet. Und jetzt folgt das Kochbuch – ein schönes Projekt! Wir wollen einfach Lust auf Käse machen.

Es ist eine Sache, zu zeigen, was Käse kann und auch, dass Südtirol Käse kann. Aber braucht Südtirol auch eine neue Käsekultur?

Roland Trettl: Käsekultur kann sich nur verankern, wenn das Bewusstsein da ist. Ich möchte dieses schaffen. Mit meinem Engagement und mit dem Kochbuch. Es geht mir überhaupt nicht darum, Werbung für Capriz-Käse zu machen. Nicht einmal die Hälfte meiner Rezepte wird mit Capriz-Käse zubereitet. Ich möchte generell Bewusstsein schaffen und Wissen vermitteln. Das hat auch viel mit Werten zu tun, die es zu bewahren gilt: Tradition, Handwerk, Qualität und respektvoller Umgang mit Lebensmitteln.

Heiner Oberrauch: Käse ist mehr als gutes Essen. Käse ist Kultur und kann ein Stück von dieser wunderschönen Landschaft und dem einzigartigen Lebensgefühl transportieren. Wir wollen den Käse zu den Menschen bringen. Ihnen Qualität bieten und erklären. Auf keinen Fall wollen wir belehren. Vielmehr unterhalten und neugierig machen. Es ist doch so: Bei allem was man mal selbst gemacht oder erlebt hat, verändert sich die Sicht auf die Dinge. Aus genau diesem

Was bedeutet diese Zusammenarbeit für Sie?

Roland Trettl: Man hat sich gefunden. Wir haben uns gefunden, voneinander gelernt und sind ein Stück des Weges zusammen gegangen. Ich kann Heiner Oberrauchs Aussage nur unterstreichen. Das alles hier wird von so vielen tatkräftigen Helfern und Machern gestemmt. Ich habe schon viel gesehen, aber so etwas hat Seltenheitswert. Hier packt jeder mit an. Wie hier, spürt man es nirgendwo. Vielen Dank für diese wertvolle Erfahrung!

Heiner Oberrauch: Das ist eine dieser glücklichen Fügungen im Leben. Für uns ist das eine ganz wichtige Zusammenarbeit. Mit Rolands Verstärkung und seiner Kompetenz haben wir wirklich etwas geschaffen. Es ist schön, seine Verbundenheit und seine Begeisterung zu spüren. Ein herzliches Vergelts Gott, Roland! Aber auch allen anderen Beteiligten möchte ich an dieser Stelle noch einmal meine Dankbarkeit zum Ausdruck bringen. Das Ganze wird von so vielen Menschen und Unterstützern getragen. Das ist unfassbar motivierend. Vielen, vielen Dank!

AUS LEIDENSCHAFT ZUM GENUSS

Das Erlebnis Käse

Als erste Feinkäserei Südtirols legen wir den Fokus auf Ziegen- und Weichkäse. Aber das Capriz ist nicht nur eine Käsemanufaktur, die nach französischem Vorbild Premiumkäse herstellt. Uns geht es um mehr. Es ist uns ein Anliegen, Lust auf Käse zu machen, unsere Leidenschaft zu teilen, Tradition zu leben und neu zu interpretieren, ebenso wie Wissen zu vermitteln. Deshalb haben wir bei uns im Pustertal eine interaktive Erlebniswelt geschaffen, in der Sie mit allen Sinnen Käse erleben können.

In der Schaukäserei mit Museum können alle Besucher verfolgen, wie aus bester Milch Gourmetkäse hergestellt wird. Ganz traditionell, mit den Händen, ohne aufwendige Technologien. Wir zeigen Ihnen die Produktionsanlagen und Reiferäume, erklären Ihnen den Einsatz der Bakterien und Kulturen, warum Käse unterschiedlich schmeckt und wie diese besonderen Gaumenfreuden ihren ganz individuellen Charakter erlangen.

Außerdem laden wir Sie ein, bei uns zu verweilen und unseren Käse direkt vor Ort zu genießen. In unserem Bistro servieren wir Ihnen eine feine Käseauswahl, delikate Häppchen, kleine Vorspeisen oder unser einzigartiges Käsefondue. Gerne reichen wir Ihnen dazu einen erfrischenden Aperitif oder einen hervorragenden Wein aus unserer Vinothek und wünschen nach Caprizaner Art einen lustvollen Regelverstoß.

Und damit Sie auch noch nach Ihrem Besuch etwas davon haben und Ihren Liebsten etwas mitbringen können, sollten Sie ein Stück Genuss mit nach Hause nehmen. Unser Käseladen ist vielmehr ein Feinkostladen, der Ihnen alles für den perfekten Käsegenuss bietet. Neben unserer Käsevielfalt finden Sie hier erlesene Weine, lokale Brotspezialitäten, Eingemachtes, Chutneys und viele andere Köstlichkeiten.

Kommen Sie doch mal vorbei! Vielleicht auch zu einem unserer exklusiven kulinarischen Capriz-Events?

Wir würden uns freuen!

Ihr Capriz-Team

„Käse schmeckt nicht nur, er riecht, hat eine besondere Textur und ist auch zum Anschauen da."

Hubert Stockner, Käsemeister und Fromelier

Feinkäse in Südtirol

Uns ist es wichtig, jeden Capriz-Käse auf jene Weide zurückführen zu können, die sein Ursprung ist. Denn gerade in der Produktion von edlen Käsen muss ein tiefes Vertrauen und gutes Zusammenspiel zwischen Bauern und Käserei bestehen. Das bedarf Zeit und Pflege, aber nur so können wir garantieren, dass die Käse von Capriz immer von höchster Qualität sind. Für uns heißt Qualität: Regionalität und Natürlichkeit, Innovation und Experimentierfreude, Fingerspitzengefühl und höchste Hingabe zum Produkt.

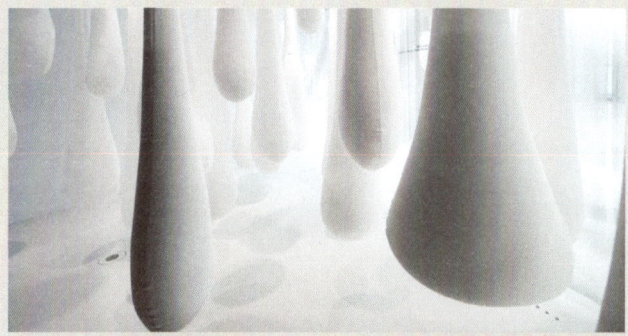

So entstehen feine Ziegen- und Kuhmilchkäsespezialitäten, cremige Weichkäse mit Außenschimmel oder Rotschmiere, Variationen von Frischkäse und besondere Hartkäse. Von mild bis kräftig und würzig bis pikant. Die Capriz Feinkäserei vereint vieles, was Südtirol wertvoll und einzigartig macht: die Pflege der hiesigen Landwirtschaft mit ihren Bergbauernhöfen und kleinen Strukturen, Handwerk, Authentizität, hochwertige Rohstoffe und das kulinarische Erbe einer ganzen Region. Die heimische Käseproduktion wird erweitert und durch das Käsen nach französischem Vorbild auch zusätzlich bereichert. Auf der Suche nach neuen Geschmackserlebnissen geht unser Käsemeister immer wieder neue Wege und experimentiert mit Affinierungen, wobei er die Tradition stets im Auge behält.

Ein wichtiges Anliegen der Capriz-Mitarbeiter ist die Revitalisierung der Ziegenzucht und eine Belebung des Südtiroler Milchmarktes.

KÄSEMEISTER & FROMELIER AUS LEIDENSCHAFT

Hubert Stockner

„*Qualität und Authentizität leben.*
Trotzdem Neues wagen und zeigen, was einen guten Käse ausmacht. Ich möchte den Menschen einfach Lust auf Käse in all seinen Facetten machen. Auch über die Grenzen Südtirols hinaus. Ein lustvoller Regelverstoß eben – dafür steht Capriz."

Die Capriz Feinkäserei in Vintl – hier ist er endlich angekommen. Hier kann er nach 20 Jahren Berufserfahrung als Käsemeister und Fromelier genau das machen, wovon er überzeugt ist. Denn Qualität braucht ihre Zeit. Qualitätskäse will in Ruhe reifen, will im richtigen Ambiente gelagert werden, will von erfahrenen Händen affiniert werden. Hubert Stockner nimmt sich die Zeit, produziert nicht auf Masse oder gar unter Druck. Entschleunigung ist an der Tagesordnung. Die Ware geht erst in den Verkauf oder zum Verkosten, wenn er grünes Licht gibt. Dazu braucht es Geduld, Expertise und Leidenschaft. Nicht zu vergessen: die richtigen Zutaten. Richtig ist, was regional und von bester Güte ist. So kommen Ziegen- und Kuhmilch von Bauern aus der unmittelbaren Nachbarschaft, naturbelassen und nachvollziehbar. Ebenso verhält es sich mit den Beigaben während des Affinierens, also der Pflege und Veredelung von Käse. Auch diese haben größtenteils regionalen Bezug. Neu ist nur das Käsen nach traditionellem französischem Vorbild. Das Ergebnis aus Regionalität, althergebrachtem Handwerk und internationalem Know-how ist ein Gourmetkäse, den es so in Südtirol kein zweites Mal gibt und der dennoch authentisch ist: wunderbarer Weichkäse, aber auch diverse Frisch-, Schnitt- und Hartkäse mit den unterschiedlichsten Affinierungen. Alle von Hubert und seinem Team entwickelt, getestet, für gut befunden oder auch mal verworfen. Immer wieder kommen neue Kreationen hinzu. Es ist ein andauernder Prozess. Aber Hubert hat ja Zeit.

CAPRIZ KÄSESORTEN

Capriz Ziegenfrischkäse

Unser Ziegenfrischkäse wird nach alter Tradition mit Käsetüchern hergestellt. Wir verzichten bei der Herstellung bewusst auf Salz, wodurch er sich für salzige und für süße Speisen hervorragend eignet. Außerdem achten wir darauf, den Frischkäse möglichst trocken abzupacken und bereitzustellen. Das erleichtert seine Verarbeitung in der Küche und freut Köche und Hobbyköche.

Caprizino

Der Caprizino wird nach französischem Vorbild hergestellt und ist sozusagen unser Südtiroler Pendant zum berühmten Chèvre. Dieser besondere, gereifte Ziegenfrischkäse wird nach dem Ausformen mit Asche, Salz und Pfeffer affiniert. Zum einen wird der Käse dadurch geschützt, zum anderen verleiht ihm das nach seiner zweiwöchigen Reifezeit einen ganz eigenen Charakter und Geschmack: fein säuerlich mit würzig-erdigen Noten und mit einem leichten bis intensiven Ziegenaroma.

Ziegello

Der Ziegello ist ein Ziegencamembert und allein das macht ihn schon zu einer Seltenheit – sind doch 99 Prozent aller Camemberts aus Kuhmilch. Während seiner vierwöchigen Reifung im Schieferkeller wenden wir ihn jeden zweiten Tag, sodass ein schöner weißer Schimmelrasen wachsen kann. Sein Geschmack reicht von mild-säuerlich bis kräftig-würzig, hinzu kommen ein leichtes Pilzaroma und ein zartes Ziegenaroma.

aus Roland Trettls Rezepten

Sapperlot

Der Sapperlot macht seinem Namen alle Ehre. So deftig und würzig im Geschmack ist er. Aber nicht nur das: Bei diesem Rotschmierweichkäse aus Kuhmilch handelt es sich um ein absolutes Nischenprodukt, das in Südtirol seinesgleichen sucht. Was nördlich der Alpen als Volkskäse bekannt ist, war hierzulande bisher unbekannt. Mit dem Sapperlot füllen wir diese Lücke.

Hofers Alptraum

Unser Hofers Alptraum ist ein ganz besonderer Weichkäse aus Ziegenmilch. Das Besondere an diesem Ziegencamembert ist seine Affinierung. Denn am Ende seiner vierwöchigen Reifung veredeln wir ihn mit „Pineau de Charentais" (Cognac) und Südtiroler Schüttelbrot. Für den Südtiroler Freiheitskämpfer Andreas Hofer ein wahrer Albtraum: Südtiroler Käse mit französischem Cognac. Diese gewagte Kombination verleiht ihm neben dem zarten Pilzaroma eine nussige Note und im Abgang einen leichten Cognacgeschmack.

Roggenkas Ziege

Der Roggenkas Ziege spiegelt genau das wieder, was Capriz-Käse so authentisch macht. Denn die ausschließliche Verwendung von heimischen Zutaten ist unsere Maxime und das wird hier durch die Affinierung mit Roggenkleie, die wir im Rahmen des Projektes *Regiokorn* beziehen, deutlich. Die Roggenkleie verleiht dem Weichkäse neben dem leichten Ziegenaroma einen feinen Roggengeschmack und eine leichte Strohnote.

Carbonito

Unser Carbonito zeichnet sich durch seine Aschekruste aus. Sie macht diesen Ziegenweichkäse zu einem spannenden Geschmackserlebnis. Während seiner vierwöchigen Reifung im Backsteinkeller wird der Rotschmierkäse jeden zweiten Tag mit Reifungskulturen gewaschen und gewendet. Am Ende seiner Reifung affinieren wir dann seine Rinde mit Asche. Diese Aschekruste verleiht ihm nicht nur feine erdige Noten, die an Holzkohle erinnern, sondern sie absorbiert auch den intensiven Geruch und beschert durch ihre körnige Konsistenz ein besonderes Geschmackserlebnis.

Kasus

Der Kasus ist ein besonderer Schnittkäse aus Kuhmilch, der im Gegensatz zum herkömmlichen Schnittkäse um ein Vielfaches länger reift als üblich. Erst nach fünf bis sechs Monaten Reifezeit kommt er in den Verkauf – genau dann, wenn seine einzigartige Würze voll ausgebildet ist. Seinen intensiven Geschmack verdankt er aber nicht nur der langen Reifezeit. Bei der Herstellung setzen wir auch besondere Kulturen ein, die ihn so unvergleichlich machen.

Kasus maximus

Unser Kasus maximus ist ein ausgemachter Hartkäse. Südtirolweit gibt es nur sehr wenige, die über einen solch langen Zeitraum reifen. Erst nach etwa zwölf Monaten ist der Reifungsprozess abgeschlossen. Währenddessen lagern wir den Kasus maximus auf Fichtenholzbrettern, wenden ihn jeden zweiten Tag und waschen ihn mit einer Bürste und Rotkulturen. Sein Geschmack ist kräftig und würzig, vergleichbar mit dem des Parmesans.

Stollenkäse

Der Stollenkäse ist ein besonderer Hartkäse von Capriz, der einem Bergkäse gleichkommt. Er wird in einem außergewöhnlich aufwendigen Herstellungsverfahren produziert. Wir lagern ihn nämlich bis zu einem Jahr in einem alten Südtiroler Stollen. Die dort vorherrschende Luftfeuchtigkeit von nahezu 100 Prozent und die konstante Temperatur zwischen acht und zehn Grad lassen diesen herrlichen Käse in seinem intensiven Geschmack reifen, bewahren aber gleichzeitig die vollmundig-cremige Konsistenz und seinen ausgesprochen feinen Schmelz.

Schüttler

Unser Schüttler steht für ein Stück Südtiroler Tradition. Wir haben diesen herrlichen Schnittkäse mit Gewürzen, die traditionell zur Herstellung des Südtiroler Schüttelbrotes verwendet werden, verfeinert. Während seiner viermonatigen Reifung auf Fichtenholzbrettern wenden wir den Schüttler jeden zweiten Tag und waschen ihn mit einer Bürste und Rotkulturen. Sein Geschmack ist milchig-buttrig mit feinem Schüttelbrot-Gewürzaroma.

Alle Käsesorten sind in unserer Capriz Feinkäserei sowie im ausgewählten Fachhandel erhältlich.

Capriz Feinkäserei, Gebäude Außenansicht

FRÜHLING

Alle Rezepte sind für 4 Personen

1 *Gebackener Blumenkohl mit Kräuter-Blattsalaten*
Weinempfehlung:
Cuvee „Sophie"
Manincor
..................20

2 *Maki Rolls mit Ziegenfrischkäse und Apfel*
Weinempfehlung:
Gewürztraminer
Kellerei Tramin
..................22

3 *Pochierte Wachteleier mit Käse-Polenta-Cracker*
Weinempfehlung:
Lagrein Rosé
Alois Lageder
..................24

4 *Käse-Fenchelsüppchen mit Thymianfrittaten*
Weinempfehlung:
Eisacktaler Kerner
Pacherhof
..................26

5 *Grüner Spargel mit Ziegello-Schaum und Macadamianüssen*
Weinempfehlung:
Grüner Veltliner
Manni Nössing
..................28

6 *Garganelli mit Morcheln und Kasus*
Weinempfehlung:
Blauburgunder „Burgum Novum"
Castelfeder
..................30

7 *Gebratener Ziegenkäse auf weißem Spargel*
Weinempfehlung:
Sauvignon „Praesulis"
Gumphof
..................32

8 *Süßkartoffel-Espuma mit Vanilleeis*
Weinempfehlung:
Met (Honigwein)
Lü de Pincia
..................34

9 *Basilikumtopfen mit marinierten Erdbeeren*
Weinempfehlung:
Moscato d'Asti
Saracco
..................36

GEBACKENER BLUMENKOHL MIT KRÄUTER-BLATTSALATEN

Zutaten

Gebackener Blumenkohl
2 Eier
200 ml Milch
100 ml Apfelsaft
90 g Bärlauchkäse
200 g Mehl
1 Blumenkohl
250 g Butterschmalz
Salz, Pfeffer

Vinaigrette
100 ml Balsamicoessig
30 ml Agavensirup oder Honig
50 ml Apfelsaft
150 ml Traubenkernöl
1 TL Senf
Saft und Schale von einer Zitrone
Salz, Pfeffer

Salat nach Belieben
Lattuga (Eichblattsalat)
Kerbelblätter
Bachkresse
Korianderkresse
Sellerieblätter
Stiefmütterchen

Weiteres
100 g Bärlauchkäse, fein gehobelt

① Eier, Milch, Apfelsaft und Käse mit dem Pürierstab mixen, mit Salz und Pfeffer würzen und mit Mehl vermischen. Alles zu einem glatten Backteig verrühren.

② Den Blumenkohl in kleine Röschen teilen. Die Röschen einzeln durch den Backteig ziehen und etwa 5 Minuten bei mittlerer Hitze in Butterschmalz ausbacken.

③ Balsamicoessig, Agavensirup, Apfelsaft, Traubenkernöl, Senf, Zitronensaft und geriebene Zitronenschale mit dem Schneebesen zu einer Vinaigrette aufschlagen. Mit Salz und Pfeffer abschmecken.

④ Salat locker mit der Vinaigrette vermengen und auf Teller geben, die Röschen darauf anrichten und den Bärlauchkäse darüberstreuen.

Tipp: Vinaigrette-Vorrat
Es ist empfehlenswert, eine größere Menge Vinaigrette zuzubereiten. Im Kühlschrank hält sie sich sehr lange und kann somit hervorragend als Vorrat genutzt werden.

MAKI ROLLS MIT ZIEGENFRISCHKÄSE UND APFEL

Zutaten

Reis
200 g Sushi-Reis
3 EL naturtrüber Apfelsaft
2 EL Weißweinessig
1 Prise Salz

Füllung
1 Apfel (Golden Delicious)
180 g weicher Ziegenfrischkäse
5 Schnittlauchhalme

Weiteres
150 g gesalzene Erdnüsse
150 g Pistazien
50 ml Sojasauce
50 ml Apfelsaft

1. Den Sushi-Reis unter fließendem Wasser gründlich waschen, in 300 ml kochendes Wasser geben, kurz aufkochen lassen und mit geschlossenem Deckel etwa 14 Minuten bei 150 Grad Ober- und Unterhitze im Backofen weich garen.

2. Apfelsaft, Weißweinessig und Salz zu einer Marinade verrühren. Zügig, aber vorsichtig, unter den Reis rühren, bis der Reis die gesamte Flüssigkeit aufgenommen hat.

3. Reis etwa 1 cm dick auf eine mit Klarsichtfolie umwickelte Bambusmatte streichen. Dabei am oberen Rand etwa 3 cm, unten und seitlich jeweils 1 cm frei lassen.

4. Apfel schälen, in hauchdünne runde Apfelscheiben hobeln und nebeneinander auf das untere Drittel der Reisschicht legen. Den Ziegenfrischkäse in einen Spritzbeutel geben und dünn auf die Apfelscheiben aufspritzen. Schnittlauchhalme der Breite nach darüberlegen. Nun das Ganze mithilfe der Bambusmatte und leichtem Druck einrollen.

5. Erdnüsse und Pistazien hacken, vermischen und gleichmäßig auf ein flaches Backblech streuen und die Sushi-Rollen darin wälzen. Die Rollen mit einem scharfen Messer in 8 gleich große Stücke schneiden. Hierbei das Messer am besten vor jedem Schnitt leicht anfeuchten

6. Sojasauce und Apfelsaft zu einem Dip verrühren und zu den Maki Rolls servieren.

Tipp: Sushi-Zubereitung
Auf YouTube gibt es zahlreiche Videoanleitungen für die Zubereitung von Sushi. Eine gute Vorbereitung für all jene, die Sushi zum ersten Mal selbst machen.

POCHIERTE WACHTELEIER MIT KÄSE-POLENTA-CRACKER

Zutaten

Salat-Käse-Süppchen
4 mittelgroße Romana-Salatköpfe
200 ml Molke oder Gemüsefond
50 ml Olivenöl
50 g Comté, gerieben

Pochierte Wachteleier
16 Wachteleier
Weißweinessig

Käse-Polenta-Cracker
250 ml Molke oder Gemüsefond
20 g Butter
Salz
150 g Polentamehl
100 g Comté, gerieben

Vinaigrette
2 EL Weißweinessig
2 EL Kapernwasser
Saft einer halben Zitrone
5 EL Olivenöl
Salz, Pfeffer

1. Für das Süppchen die äußeren Salatblätter entfernen, waschen und grob schneiden.

2. Die gelben und hellgrünen Blätter am Strunk lassen und die Salatherzen beiseitestellen.

3. Den klein geschnittenen Salat in kochende Molke geben und bei geschlossenem Deckel etwa 2 Minuten blanchieren. Vom Herd nehmen und Olivenöl sowie geriebenen Comté dazugeben. Alles mit dem Pürierstab mixen, durch ein feines Sieb passieren und in eine Schüssel gießen. Im kalten Wasserbad auskühlen lassen.

4. Die Wachteleier mit einem spitzen Messer anschneiden, öffnen und einzeln in eine kleine Tasse geben. Wasser erhitzen (nicht kochen) und Essig hinzugeben (5 Esslöffel auf 1 l Wasser). Eier nach und nach im heißen Essigwasser etwa 1 Minute pochieren.

5. Für die Cracker Molke, Butter und Salz aufkochen, Polentamehl einrühren und etwa 20 Minuten bei mittlerer Hitze kochen. Den geriebenen Käse unterrühren. Die Masse auf ein mit Backpapier ausgelegtes Backblech gießen und etwa 2 mm dick ausstreichen. Im Backofen bei 110 Grad Umluft mindestens 2 Stunden backen. Die Cracker müssen richtig trocken sein, damit man sie brechen kann.

6. Weißweinessig, Kapernwasser, Zitronensaft und Olivenöl zu einer Vinaigrette verrühren und mit Salz und Pfeffer würzen.

7. Süppchen auf Teller verteilen, die 4 Salatherzen daraufsetzen und mit der Vinaigrette beträufeln. Wachteleier halbieren und zusammen mit den Crackern auf den Tellern anrichten.

KÄSE-FENCHELSÜPPCHEN MIT THYMIANFRITTATEN

Zutaten

Käse-Fenchelsüppchen
4 Fenchelknollen
200 ml Molke oder Gemüsefond
200 g Gruyère, gerieben
Salz, Pfeffer
Olivenöl
Saft einer Zitrone

Thymianfrittaten
100 g Mehl
3 Eier
200 ml Milch
½ TL Thymian
Salz
Olivenöl

Weiteres
Brunnenkresse

Tipp: Molke
Molke ist die wässrige Restflüssigkeit, die bei der Käseherstellung entsteht. Sie ist sehr geschmackvoll und ein idealer Ersatz für Wasser, Brühe oder Fond.

1. Von den Fenchelknollen die äußeren harten Schalen entfernen und mit einem Sparschäler 4 Esslöffel hauchdünne Streifen abziehen. Aus der Mitte einer jeden Knolle eine etwa 1 cm dicke Scheibe herausschneiden.

2. Den restlichen Fenchel entsaften. Mit der Molke und 150 g Gruyère in einen Topf geben. Alles aufkochen und mit geschlossenem Deckel 1 Stunde bei Raumtemperatur ziehen lassen. Durch ein feines Sieb gießen und mit Salz und Pfeffer abschmecken.

3. Die 4 Fenchelscheiben beidseitig in Olivenöl anbraten. Auf ein Backblech legen, mit dem restlichen Gruyère bestreuen und bei 200 Grad Oberhitze im Backofen hellbraun gratinieren lassen.

4. Die rohen Fenchelstreifen mit Salz, Olivenöl und Zitronensaft marinieren.

5. Für die Frittaten Mehl, Eier und Milch verrühren. Thymian fein hacken und mit Salz unter den Teig mischen. Daraus in je ½ Esslöffel Olivenöl hauchdünne Palatschinken backen und in feine Streifen scheiden.

6. Die Suppe kurz erwärmen und auf die Teller verteilen. Zuerst die Frittaten in die Suppe geben, dann die marinierten Fenchelstreifen daraufsetzen. Den gratinierten Fenchel seitlich anrichten. Mit Brunnenkresse garnieren.

GRÜNER SPARGEL MIT ZIEGELLO-SCHAUM UND MACADAMIANÜSSEN

Zutaten

Spargel
20 grüne Spargelstangen
4 EL Traubenkernöl
Saft einer Zitrone
Salz

Ziegello-Schaum
200 ml Milch
4 Blatt Gelatine, eingeweicht und ausgedrückt
150 g Ziegello (Ziegen-Camembert)
20 Macadamianüsse

Vinaigrette
1 Handvoll Weizengras
5 EL Traubenkernöl
Saft einer Zitrone
Salz, Pfeffer

Weiteres
Weizengrashalme

① 4 Spargelstangen ohne das holzige Ende in hauchdünne Streifen schneiden und mit Traubenkernöl, Zitronensaft und Salz marinieren.

② Von den restlichen Spargelstangen das untere Drittel wegschneiden, schälen und mithilfe des Entsafters entsaften, beiseitestellen. Den oberen Teil des Spargels in reichlich Salzwasser bissfest kochen, in Eiswasser abschrecken und ebenfalls marinieren.

③ Für den Ziegello-Schaum Milch aufkochen, die Gelatine zusammen mit dem Ziegello zur Milch geben und mit dem Pürierstab mixen. Die Käsecreme in einen Sahnespender füllen, mit 2 Kapseln bestücken und im Kühlschrank auskühlen lassen.

④ Die Macadamianüsse fein reiben und in eine flache Schüssel geben. Sobald der Schaum erkaltet ist, Sahnespender kräftig schütteln, walnussgroße Häufchen auf ein Brett spritzen und in den geriebenen Nüssen wälzen.

⑤ Spargelsaft, Weizengras, Traubenkernöl, Zitronensaft, Salz und Pfeffer zu einer Vinaigrette aufmixen und durch ein Sieb passieren.

⑥ Spargel, Ziegello-Schaum und Spargelstreifen auf Tellern anrichten, mit der Weizengras-Vinaigrette beträufeln und mit Weizengrashalmen garnieren.

Tipp: Weizengras
Weizengras kann man ganz einfach selbst ziehen. Es ist reich an Vitaminen, hat einen intensiven Geschmack und eignet sich zur Verfeinerung vieler Speisen.

GARGANELLI MIT MORCHELN UND KASUS

Zutaten

150 g kleine Morcheln
50 g Butter
2 Schalotten
500 ml Molke oder Gemüsefond
500 g Garganelli
2 mittelgroße Zucchini
4 EL Olivenöl
2 EL Pistazien, geschält
1 EL Petersilie
1 EL Schnittlauch
100 g Kasus (reifer Schnittkäse)

1. Die Morcheln putzen, waschen und von den Stielen befreien. Die Stiele beiseitelegen.

2. Butter erhitzen und goldbraun werden lassen. Schalotten in kleine Würfel schneiden und darin hellbraun anrösten. Morchelstiele dazugeben. Mit Molke aufgießen, etwa 15 Minuten bei mittlerer Hitze köcheln lassen, dann den Sud durch ein feines Sieb abpassieren.

3. Die Garganelli in reichlich Salzwasser etwa 2 Minuten kochen.

4. Zucchini in 1 cm breite Streifen schneiden und in einer tiefen Pfanne in Olivenöl kurz anbraten. Morcheln und geschälte Pistazien dazugeben. Mit dem Molkesud vermengen, die Garganelli unterrühren und alles noch einmal etwa 4 Minuten gemeinsam schmoren und emulgieren lassen. Ab und zu umrühren.

5. Petersilie und Schnittlauch fein hacken. Käse fein reiben, etwas zum Garnieren beiseitestellen. Kräuter und Käse unter die Nudeln rühren und alles kurz in der Pfanne durchschwenken.

6. Die Garganelli auf Tellern anrichten und mit dem restlichen geriebenen Käse bestreuen.

Tipp: Ein Rezept für alle Jahreszeiten
Dieses Rezept ist nicht nur frühlingstauglich: Im Sommer lassen sich die Morcheln hervorragend durch Pfifferlinge ersetzen, im Herbst durch Steinpilze und im Winter verleiht schwarzer Trüffel dem Ganzen Raffinesse.

GEBRATENER ZIEGENKÄSE AUF WEISSEM SPARGEL

Zutaten

Spargel
16 weiße Spargelstangen
30 g Butter
2 EL Olivenöl
Salz

Gemüse
50 g Gerste
200 ml Molke oder Gemüsefond
1 Schalotte
100 g Erbsen, roh und gepult
3 EL Olivenöl
1 TL Kerbel, gehackt

Gebratener Ziegenkäse
4 Scheiben reifer Ziegello à 60 g (Ziegen-Camembert)
Mehl
Olivenöl

Weiteres
schwarzer Pfeffer
Petersilie

1. Spargel schälen, in Butter und Olivenöl langsam goldgelb anbraten, salzen.

2. Gerste in Salzwasser etwa 25 Minuten kochen. Abgießen und zur Molke geben. Schalotte klein würfeln und mit den Erbsen dazugeben. Alles zusammen etwa 5 Minuten bei milder Hitze garen. Olivenöl und Kerbel unterrühren.

3. Die Ziegenkäsescheiben in Mehl wälzen und auf beiden Seiten je 1 Minute in Olivenöl anbraten.

4. Gerste, Spargel und den gebratenen Ziegenkäse auf Teller schichten. Mit schwarzem Pfeffer bestreuen und mit Petersilie garnieren.

Tipp: Olivenöl erhitzen
Immer wieder heißt es, man solle Olivenöl nicht erhitzen. Dies ist aber eine Mär. Selbstverständlich kann man Olivenöl erhitzen, und zwar bis maximal 180 Grad. Man kann darin einwandfrei Gemüse, Käse und Fleisch anbraten.

SÜSSKARTOFFEL-ESPUMA MIT VANILLEEIS

Zutaten

500 g Süßkartoffeln
4 EL Pistazienöl oder Olivenöl
50 g Zucker
250 g Ziegenfrischkäse
150 ml Sahne
1 Prise Salz
4 Kugeln Vanilleeis

Weiteres

20 Pistazien, geschält
1 EL Thymianspitzen

1. Die Süßkartoffeln in der Schale weich kochen und anschließend schälen. Die Hälfte der Süßkartoffeln in etwa 1 cm große Würfel schneiden und mit 3 Esslöffeln Pistazienöl marinieren, beiseitestellen.

2. Die restlichen Süßkartoffeln mit Zucker, Ziegenfrischkäse, Sahne und Salz mit dem Pürierstab pürieren. Die Masse durch ein feines Sieb passieren und in einen Sahnespender füllen, 2 Kapseln aufschrauben. Bei Raumtemperatur nur soweit abkühlen lassen, dass die Espuma noch lauwarm bleibt.

3. Sahnespender kräftig schütteln und die Süßkartoffel-Espuma auf Teller spritzen, jeweils eine Kugel Vanilleeis daraufsetzen und die Süßkartoffelwürfel um das Eis anrichten. Mit Pistazien und Thymianspitzen garnieren und mit dem restlichen Pistazienöl beträufeln.

Das Spannende an diesem Dessert ist das Zusammenspiel von unterschiedlichen Temperaturen, Konsistenzen und Geschmacksnuancen. Die lauwarme, salzig-süße Kartoffel-Espuma harmoniert ganz wunderbar mit dem Vanilleeis.

BASILIKUMTOPFEN MIT MARINIERTEN ERDBEEREN

Zutaten

Basilikumtopfen
300 g Ziegenfrischkäse
100 g Mascarpone
50 g Sahne
50 ml Agavensirup
40 g Basilikum

Weiteres
30 Erdbeeren
3 EL Olivenöl
getrocknete Erdbeerscheiben
Basilikumspitzen

1. Ziegenfrischkäse, Mascarpone, Sahne, Agavensirup und Basilikum mit dem Pürierstab zu einer glatten Masse mixen.
2. 10 Erdbeeren mit dem Pürierstab fein zu Erdbeermark pürieren.
3. Die restlichen Erdbeeren in dünne Scheiben schneiden und mit 2 Esslöffeln Olivenöl marinieren.
4. Den Basilikumtopfen auf Dessertschalen verteilen. Etwas Erdbeermark daraufgeben und mit frischen und getrockneten Erdbeerscheiben garnieren. Mit dem restlichen Olivenöl beträufeln und mit Basilikumspitzen garnieren.

Dieses Rezept steht und fällt mit den Erdbeeren. Kaufen Sie diese unbedingt frisch auf dem Markt und kosten Sie am besten vorher. Aussehen und Geruch können nämlich täuschen.

Capriz Feinkäserei Gebäude, Außenansicht

SOMMER

Alle Rezepte sind für 4 Personen

1 Rucola-Frischkäse mit
gebratener Wassermelone
und knusprigem Fenchel
Weinempfehlung:
Müller-Thurgau „Feldmarschall"
Tiefenbrunner
....40

2 Weiße Tomatenmousse
mit Mozzarella und Honigmelone
Weinempfehlung:
Lugana „Hamsa"
Le Preseglie
....42

3 Rohnen-Zwetschgensalat
mit Käse-Vinaigrette
Weinempfehlung:
Sylvaner
Köfererhof
....44

4 Peperoni-Kirsch-Gazpacho mit
Basilikum-Granita und Caprizino
Weinempfehlung:
Weißburgunder „Sirmian"
Kellerei Nals Margreid
....46

5 Pfifferling-Gurken-Eintopf
mit Sambucus
Weinempfehlung:
St. Magdalener
Ansitz Waldgries
....48

6 Carbonito mit Steinpilzen
und Avocado
Weinempfehlung:
Lagrein Kretzer Spätlese
Erbhof Unterganzner
....50

7 Melanzane-Blauschimmelcreme
mit Zucchinistreifen
und Kirschtomaten
Weinempfehlung:
Cuvee „Bianca"
Weinmanufaktur Profil
....52

8 Kaffee-Schokoladencreme mit Kiwi
Weinempfehlung:
Eiswein
Weingut Ernst Triebaumer
....54

9 Himbeergrütze mit
Gorgonzola-Mascarponecreme
Weinempfehlung:
Passito „Comtes" St. Valentin
Kellerei St. Michael Eppan
....56

RUCOLA-FRISCHKÄSE MIT GEBRATENER WASSERMELONE UND KNUSPRIGEM FENCHEL

Zutaten

Gebratene Wassermelone
1 kg Wassermelone, entkernt
3 EL Olivenöl

Knuspriger Fenchel
3 EL Mehl
2 EL Maisstärke
70 ml Eiswasser
Salz
1 Fenchelknolle
500 ml Maisöl

Frischkäse
2 Bund Rucola
4 EL Olivenöl
200 g Ziegenfrischkäse
Salz, Pfeffer

Weiteres
Olivenöl
16 Rucolablätter

1. Die Wassermelone in etwa 1 cm dicke und 9 cm lange Stifte schneiden. Etwa 20 Sekunden in heißem Olivenöl scharf anbraten.

2. Mehl, Maisstärke, Eiswasser und Salz zu einem Backteig verrühren. Die Fenchelknolle in hauchdünne Scheiben schneiden, durch den Backteig ziehen und im heißen Maisöl knusprig ausbacken. Zum Abtropfen auf Küchenkrepp legen.

3. Rucola mit Olivenöl fein mixen und mit dem Ziegenfrischkäse vermengen. Mit Salz und Pfeffer abschmecken und 16 etwa 2 cm große Kügelchen formen.

4. Die gebratene Wassermelone mit den Rucola-Frischkäsekügelchen und dem knusprigen Fenchel auf Tellern anrichten und mit Olivenöl beträufeln. Mit Rucolablättern garnieren.

Tipp: Eiswasser
Der Backteig wird durch die Zugabe von Eiswasser viel knuspriger.

WEISSE TOMATENMOUSSE MIT MOZZARELLA UND HONIGMELONE

Zutaten

Tomatenwasser
2 kg reife Tomaten

Tomatenmousse
3 Blatt Gelatine, eingeweicht und ausgedrückt
300 ml Tomatenwasser
2 EL Sahne
Salz

Basilikumöl
30 Basilikumblätter
150 ml Olivenöl

Weiteres
1 Semmel
Olivenöl
1 reife Honigmelone
100 ml Tomatenwasser
4 Bocconcini (Mozzarella-Bällchen)
Basilikumblätter

Tipp: Tomatenwasser
Tomatenwasser ist vielseitig verwendbar und lässt sich problemlos einfrieren – am besten portionsweise. Es ist eine wunderbare Grundlage für Suppen, Gelees usw. Für die Zubereitung am besten reife und schmackhafte Tomaten verwenden.

1. Für das Tomatenwasser die Tomaten mit dem Pürierstab fein mixen und alles in ein mit einem großen Küchentuch ausgelegtes Sieb gießen. Das Tomatenpüree etwa 12 Stunden abtropfen lassen und den goldgelben Saft in einer Schüssel auffangen.

2. Für die Mousse Gelatine erwärmen und zum Tomatenwasser geben. In einer hohen Rührschüssel im Eiswasserbad cremig rühren. Sahne steif schlagen und unterheben. Die Mousse salzen und so lange kalt stellen, bis sie fest wird.

3. Für das Basilikumöl Basilikumblätter und Olivenöl fein mixen und durch ein Sieb passieren.

4. Die Semmel in kleine Stücke reißen, in Olivenöl anbraten und mit etwas Basilikumöl beträufeln.

5. Mit einem Kugelausstecher aus der Honigmelone Kügelchen ausstechen. Tomatenwasser mit dem restlichen Basilikumöl vermischen und die Melonenkügelchen damit marinieren. Den Rest als Vinaigrette beiseitestellen.

6. Tomatenmousse mit einem Esslöffel zu Nocken formen und auf Teller verteilen. Die Bocconcini zerreißen und mit den Melonenkügelchen und den Croûtons um die Tomatenmousse herum anrichten. Vinaigrette darüberträufeln und mit Basilikumblättern garnieren.

ROHNEN-ZWETSCHGENSALAT MIT KÄSE-VINAIGRETTE

Zutaten

Salat
3 rote Rohnen (Rote Bete)
3 gelbe Rohnen (Gelbe Bete)
20 Zwetschgen
2 EL brauner Zucker
100 ml leichter Rotwein
3 EL Traubenkernöl
Salz, Pfeffer

Vinaigrette
1 rote Zwiebel
2 EL Olivenöl
100 g Ziegengouda
2 EL Schnittlauch
5 EL Rotweinessig
3 EL Traubenkernöl
Salz, Pfeffer

Weiteres
Vogelesalat (Feldsalat)

1. Die roten und gelben Rohnen getrennt etwa 1 Stunde in Salzwasser bissfest kochen. Schälen und die roten Rohnen in Spalten, die gelben in Scheiben schneiden.

2. Zwetschgen halbieren und entsteinen. Den braunen Zucker mit Rotwein und Traubenkernöl aufkochen, salzen und pfeffern, über die Zwetschgen gießen und marinieren lassen.

3. Die Zwiebel schälen, würfeln und in heißem Olivenöl dünsten. Käse ebenfalls in kleine Würfel schneiden, Schnittlauch fein hacken. Alles mit Rotweinessig, Traubenkernöl, Salz und Pfeffer zu einer Vinaigrette verrühren.

4. Rote und gelbe Rohnen zusammen mit den Zwetschgen auf dem Vogelesalat anrichten und mit Vinaigrette beträufeln.

Tipp: Frische Rohnen
Es lohnt sich, frische Rohnen zu kaufen, anstatt auf bereits gekochte, abgepackte Ware zurückzugreifen. Geschmacklich liegen einfach Welten dazwischen. Beim Kochen sollte man darauf achten, dass sie schön bissfest bleiben.

PEPERONI-KIRSCH-GAZPACHO MIT BASILIKUM-GRANITA UND CAPRIZINO

Zutaten

Gazpacho
150 g Kirschen
200 g rote Peperoni (Paprikaschoten)
200 g Kirschtomaten
2 EL Rotweinessig
3 EL Olivenöl
200 ml Molke oder Gemüsefond
Salz

Granita
30 Basilikumblätter
200 ml Molke oder Gemüsefond

Weiteres
4 EL Caprizino, gerieben (gereifter Ziegenfrischkäse)
Basilikumkresse
Olivenöl
Stiefmütterchen

1. Für den Gazpacho Kirschen entsteinen und Peperoni würfeln. Zusammen mit Kirschtomaten, Rotweinessig, Olivenöl und Molke mit dem Pürierstab fein mixen. Mit Salz abschmecken.

2. Für die Granita Basilikum und Molke mit dem Pürierstab fein mixen. In ein flaches Gefäß füllen und mindestens 5 Stunden einfrieren. Die Masse etwa alle 30 Minuten mit einer Gabel durchrühren, bis sie die Konsistenz von grobkörnigem Schnee hat. Granita kurz vor dem Servieren aus dem Tiefkühlfach herausnehmen.

3. Gazpacho mit Granita, geriebenem Käse, Basilikumkresse und Stiefmütterchen anrichten und mit Olivenöl beträufeln.

Tipp: Alternative zum Aperitif
Überraschen Sie Ihre Freunde im Sommer mit einem Peperoni-Kirsch-Gazpacho als Aperitif. Eine wunderbare Erfrischung an heißen Tagen und eine willkommene Abwechslung zu Bier oder gar Champagner.

PFIFFERLING-GURKEN-EINTOPF MIT SAMBUCUS

Zutaten

Eintopf
2 Gurken
3 EL Olivenöl
400 g Pfifferlinge
200 ml Molke oder Gemüsefond
Saft und Schale einer halben Limette
40 g kalte Butter
Salz, Pfeffer

Käsecreme
1 Sambucus (gereifter Ziegenfrischkäse)
150 ml Milch

Weiteres
1 EL Kerbel, fein gehackt
Petersilienblätter

1. Die Gurken schälen, entkernen und in etwa 2 cm große Stücke schneiden. In Olivenöl andünsten. Pfifferlinge waschen, dazugeben und kurz mitdünsten. Mit Molke aufgießen und etwa 3 Minuten köcheln lassen. Limettensaft, geriebene Limettenschale sowie kalte Butter hinzufügen. Mit Salz und Pfeffer abschmecken.

2. Sambucus mit Milch cremig rühren.

3. Das Pfifferling-Gurken-Gemüse mit Sambucus-Creme auf Tellern anrichten. Mit Kerbel und Petersilie garnieren.

Der „Sambucus" ist eine Kreation von Roland Trettl. Mit Holunderblüten verfeinert, variiert der Geschmack je nach Reifegrad von fein säuerlich bis würzig. Man kann für dieses Rezept auch den „Caprizino" verwenden.

SOMMER

CARBONITO MIT STEINPILZEN UND AVOCADO

Zutaten

400 g Steinpilze
3 EL Olivenöl
Salz, Pfeffer
2 Avocados
1 Carbonito (Ziegenrotschmierkäse)

Vinaigrette
2 Tomaten
1 EL Pinienkerne
½ EL Kapern
½ TL frischer Oregano
2 EL alter Balsamicoessig
2 EL Rotweinessig
2 EL Olivenöl
2 EL Traubenkernöl
Salz, Pfeffer

❶ Etwa 100 g Steinpilze in feine Scheiben schneiden. Die restlichen Steinpilze in 5 cm große Stücke schneiden und in heißem Olivenöl anbraten, salzen und pfeffern.

❷ Die Avocados in dünne Scheiben schneiden, den Carbonito achteln.

❸ Für die Vinaigrette die Tomaten blanchieren, abschrecken, schälen und in kleine Würfel schneiden. Pinienkerne in einer Pfanne ohne Öl anrösten. Kapern und Oregano hacken. Alles mit Balsamicoessig, Rotweinessig, Olivenöl und Traubenkernöl verrühren und mit Salz und Pfeffer würzen.

❹ Steinpilzscheiben und -stücke zusammen mit den Avocadoscheiben und den Carbonito-Stücken auf Tellern anrichten und Vinaigrette darüber verteilen.

Dieser Ziegenrotschmierkäse ist einzigartig in Europa: Es ist ein 100-prozentiger Ziegenkäse, der mesophil hergestellt wird. Die Affinierung mit Asche macht ihn zu einem besonderen Geschmackserlebnis und neutralisiert zugleich den starken Geruch.

MELANZANE-BLAUSCHIMMELCREME MIT ZUCCHINISTREIFEN UND KIRSCHTOMATEN

Zutaten

Melanzane-Käsecreme
2 mittelgroße Melanzane (Auberginen)
4 EL Olivenöl
2 Knoblauchzehen
2 Thymianzweige
150 g Blauschimmelziegenkäse
Salz, Pfeffer

Weiteres
3 große Zucchini
4 EL Olivenöl
Peperoncino
2 EL Rotweinessig
16 Kirschtomaten
1 TL brauner Zucker
4 Zucchiniblüten

1. Melanzane längs halbieren, salzen und jede Hälfte mit 1 Esslöffel Olivenöl beträufeln. Die ungeschälten Knoblauchzehen andrücken. Melanzane, Knoblauch und Thymianzweige in Alufolie wickeln und etwa 45 Minuten bei 180 Grad im Backofen garen. Anschließend das Fruchtfleisch aus der Schale kratzen und 30 Minuten in einem Sieb abtropfen lassen. Fein hacken.

2. Melanzane in einem Topf bei niedriger Temperatur mit Blauschimmelkäse verrühren, salzen und pfeffern.

3. Mit einem Julienne-Schneider feine Streifen von den Zucchini abziehen. Zucchinistreifen in 2 Esslöffeln Olivenöl farblos andünsten, salzen. Mit etwas Peperoncino und 1 Esslöffel Rotweinessig abschmecken.

4. Kirschtomaten blanchieren und schälen. 2 Esslöffel Olivenöl und 1 Esslöffel Rotweinessig mit braunem Zucker zu einer Marinade verrühren. Kirschtomaten darin 2 Stunden marinieren.

5. Zucchiniblüten vierteln. Zucchinistreifen und Kirschtomaten auf der Melanzane-Blauschimmelcreme anrichten und mit Zucchiniblüten garnieren.

Tipp: Melanzane in Alufolie
Gart man Melanzane in Alufolie, bleibt das Aroma voll erhalten.

KAFFEE-SCHOKOLADENCREME MIT KIWI

Zutaten

Kaffee-Schokoladencreme
110 ml Milch
25 ml Honig
150 g weiße Schokolade
5 g löslicher Kaffee
2 Blatt Gelatine, eingeweicht und ausgedrückt
250 ml Sahne

Kiwipüree
2 reife Kiwis
1 EL Zucker
2 EL Olivenöl

Milchschaum
125 ml Milch
½ EL Honig

Weiteres
2 Kiwis, geschält und in Scheiben geschnitten
Schokoladen-Cantuccini

1. Für die Creme Milch mit Honig, weißer Schokolade und löslichem Kaffee aufkochen. Die ausgedrückte Gelatine unterrühren, bis sie sich vollständig aufgelöst hat. Topf vom Herd nehmen und die flüssige Sahne einmixen. Die Creme in eine flache Form geben und im Kühlschrank etwa 2 Stunden kalt stellen und gelieren lassen.

2. Für das Kiwipüree 2 Kiwis mit der Gabel zerdrücken und gut mit Zucker und Olivenöl verrühren.

3. Milch und Honig erwärmen und mit dem Schneebesen schaumig aufschlagen.

4. Kiwipüree auf Teller geben. Aus der Kaffee-Schokoladencreme Taler ausstechen und auf dem Kiwipüree anrichten. Mit Kiwischeiben, Milchschaum und Cantuccini garnieren.

HIMBEERGRÜTZE MIT GORGONZOLA-MASCARPONECREME

Zutaten

Grütze
400 g frische Himbeeren
200 ml Molke oder Wasser
40 g Zucker
3 Blatt Gelatine, eingeweicht und ausgedrückt
50 ml Sekt

Creme
200 g Gorgonzola
200 g Mascarpone
45 ml Honig

Weiteres
8 Kirschtomaten, geviertelt
12 frische Himbeeren
12 frische Heidelbeeren
16 Rucolablätter

1. Für die Grütze Himbeeren, Molke und Zucker bei niedriger Temperatur erwärmen, mit dem Schneebesen verrühren und durch ein Sieb passieren. Die ausgedrückte Gelatine darin auflösen.

2. Für die Creme Gorgonzola, Mascarpone und Honig miteinander verrühren und in einen Spritzbeutel füllen.

3. Kurz vor dem Anrichten den Sekt unter die Grütze rühren.

4. Grütze in Dessertschalen füllen, Gorgonzola-Mascarpone-Tupfer daraufsetzen und mit Kirschtomatenvierteln, Himbeeren, Heidelbeeren und Rucola garnieren.

Tipp: Verarbeitung von Himbeeren
Bei einem scharfen Käse wie dem Gorgonzola braucht man die Süße der Himbeeren, um den Gaumen zu verwöhnen und zu reinigen. Die Süße der Himbeeren bleibt am besten erhalten, wenn man sie schonend zerkleinert, d.h. mit dem Schneebesen anstatt mit dem Pürierstab. Dadurch verhindert man die Freisetzung der Bitterstoffe aus den Kernen.

Capriz Feinkäserei, Museum, Installation „Ziegen"

HERBST

Alle Rezepte sind für 4 Personen

1 Apfel-Sellerie-Terrine mit Tête de Moine
Weinempfehlung:
Sauvignon „Quarz"
Kellerei Terlan
....60

2 Apfel-Sellerie-Trauben-Salat mit Kasus maximus
Getränkeempfehlung:
Apfelsaft „Pinova"
Kohl-Obsthof Troidner
....62

3 Feigentarte mit Essig-Gelee und Appenzeller
Weinempfehlung:
Cuvee Zweigelt-Lagrein
Haselburg
....64

4 Gebackene Graukaskrapfen
Bierempfehlung:
Batzenbier „KraneWitten"
BatzenBräu
....66

5 Schalotten in Kohlesalzteig mit Bergkäseschaum
Weinempfehlung:
Eisacktaler Veltliner
Köfererhof
....68

6 Nudelrisotto mit Steinpilzen, Heidelbeeren und Roggenkas
Weinempfehlung:
„La Rose de Manincor"
Manincor
....70

7 Kasus-Kartoffelnocken mit Perlzwiebeln
Weinempfehlung:
Blauburgunder „Meczan"
J. Hofstätter
....72

8 Milchreis mit Zwetschgenragout und karamellisierten Kastanien
Weinempfehlung:
Portwein „Tawny"
Niepoort
....74

9 Apfelsalat mit Caprizino-Creme und Kürbiskernen
Getränkeempfehlung:
Apfelsaft „Gravensteiner"
Kohl-Obsthof Troidner
....76

APFEL-SELLERIE-TERRINE MIT TÊTE DE MOINE

Zutaten

Terrine
1 Knollensellerie
4 Äpfel (Golden Delicious)
500 ml Apfelsaft
5 Blatt Gelatine, eingeweicht und ausgedrückt

Vinaigrette
1 EL Pinienkerne
1 EL Feigensenf
2 EL Rotweinessig
3 EL Traubenkernöl
1 Feige, geschält und zerdrückt
Salz
roter Pfeffer

Weiteres
16 Röschen Tête de Moine
Vogelesalat (Feldsalat)

1. Sellerie und Äpfel schälen und jeweils in etwa 3 mm dicke und 5 cm breite viereckige Scheiben schneiden. Beides zusammen etwa 2 Minuten in Apfelsaft köcheln lassen, herausnehmen und den Sud auf 400 ml reduzieren. Die Gelatine dazugeben und darin auflösen.

2. Eine Terrinenform (20 x 5 x 5 cm) mit Klarsichtfolie auslegen. Apfel- und Sellerieschreiben abwechselnd mit dem warmen Sud in der Form übereinanderschichten. Die Terrine 12 Stunden kalt stellen. Danach aus der Form stürzen und in 2 cm dicke Scheiben schneiden.

3. Für die Vinaigrette Pinienkerne in einer Pfanne ohne Öl anrösten. Feigensenf, Rotweinessig, Traubenkernöl, die mit einer Gabel zerdrückte Feige, Pinienkerne, Salz und Pfeffer miteinander verrühren.

4. Die Terrinenscheiben mit Tête de Moine und Vogelesalat auf Tellern anrichten und mit Vinaigrette beträufeln.

Der Tête de Moine ist ein kleiner Hartkäse, der anders als zahlreiche andere Käsesorten weder in Scheiben oder Stücke geschnitten noch gerieben, sondern geschabt wird. Die mit der Girolle geschabten Röschen sind heute genauso berühmt wie der Käse selbst.

APFEL-SELLERIE-TRAUBEN-SALAT MIT KASUS MAXIMUS

Zutaten

1 kleiner Knollensellerie
100 ml Rotweinessig
2 Äpfel (Gala und Golden Delicious)
40 g Butter
100 ml Apfelsaft
15 Walnüsse
15 blaue Trauben
15 rosé Trauben
1 kleines Schüttelbrot
200 g Kasus maximus (Hartkäse)

1. Den Knollensellerie schälen, in hauchdünne Scheiben schneiden und mit Rotweinessig einpinseln. 1 Stunde ziehen lassen.

2. Von beiden Äpfeln die Schale mit dem Sparschäler in langen Streifen abschälen. Die Streifen beiseitelegen. Die geschälten Äpfel entkernen, kleinschneiden und in Butter leicht anschwitzen. Mit Apfelsaft ablöschen und etwa 10 Minuten mit geschlossenem Deckel weich dünsten. Cremig pürieren. Die Walnüsse klein hacken und untermischen.

3. Die Trauben achteln. Schüttelbrot zu kleinen Bröseln zerstampfen und den Käse in dünne Streifen hobeln.

4. Apfelmus auf Teller verteilen. Apfelschalenstreifen und Selleriescheiben zusammen mit Trauben und Käse darauf anrichten. Die Schüttelbrotbrösel darüberstreuen.

FEIGENTARTE MIT ESSIG-GELEE UND APPENZELLER

Zutaten

Tarte
8 Feigen
4 EL Feigensenf
Tarte- oder Flammkuchenteig
   (4 Teigböden zu je 8 x 15 cm)
60 g Appenzeller

Essig-Gelee
100 ml Weißweinessig
1 EL Honig
1,5 Blatt Gelatine, eingeweicht und ausgedrückt

Weiteres
50 g Appenzeller, gehobelt
1 TL Kerbelblätter

① Die Feigen in dünne Scheiben schneiden.

② Feigensenf dünn auf die Teigböden streichen. Appenzeller reiben und gleichmäßig darüberstreuen. Die Feigenscheiben überlappend darauflegen. Damit die Tarte schön knusprig wird, diese etwa 10 Minuten bei 250 Grad Unterhitze auf dem Backofenboden backen.

③ Für das Gelee Weißweinessig mit Honig aufkochen. Die Gelatine unterrühren, bis sie sich aufgelöst hat. In einen tiefen Teller füllen, etwa 3 Stunden gelieren lassen.

④ Das Essig-Gelee in kleine Würfel schneiden.

⑤ Die Tarte mit den Essig-Geleewürfeln und den Appenzellerspänen auf Tellern anrichten. Mit Kerbelblättern garnieren.

Tipp: Tarte-Teig
Mit Tarte-Teig kann man schnell und einfach zahlreiche Köstlichkeiten zaubern: Von Obst-Tartes bis hin zu Flammkuchen. Alles was da ist, kann verwendet und bunt zusammengestellt werden.

GEBACKENE GRAUKASKRAPFEN

Zutaten

Teig
150 g Mehl
150 g Topfen
75 g Butter
Salz

Füllung
100 g Lauch
80 g Zwiebeln
30 g Butter
80 g reifer Graukas
2 EL Weißbrotbrösel
Salz, Pfeffer

Panade
1 Ei, verquirlt
2 Schüttelbrote, zerbröselt

1. Mehl, Topfen, Butter und Salz zu einem glatten Teig verkneten, 1 Stunde kalt stellen.

2. Für die Füllung den Lauch in dünne Streifen und die Zwiebeln in etwa 5 mm große Würfel schneiden. Butter in einer Pfanne zerlassen und beides darin etwa 5 Minuten weich schmoren. Salzen und pfeffern. Graukas und Weißbrotbrösel dazugeben. Alles zusammen etwa 3 Minuten bei niedriger Temperatur und ständigem Umrühren köcheln lassen. Die Füllung kalt stellen und fest werden lassen. Anschließend daraus etwa 2,5 cm dicke Kugeln formen.

3. Den Teig 5 mm dick ausrollen. Die Kugeln in gleichmäßigen Abständen auf den Teig legen und mit dem Teig ummanteln.

4. Die Krapfen zuerst mit Ei bestreichen und dann in den Schüttelbrotbröseln wälzen. Auf einem mit Backpapier ausgelegtem Backblech etwa 10 Minuten bei 190 Grad Umluft backen.

Die Graukaskrapfen gehören zu Roland Trettls Lieblingen. Sie mögen banal aussehen, aber für ihn sind sie der Inbegriff von Perfektion. Bei diesem Rezept spielt er mit den unterschiedlichen Texturen und kreiert ein wunderbares Zusammenspiel von cremig-strukturierter Konsistenz im Inneren und knuspriger Ummantelung außen.

SCHALOTTEN IN KOHLESALZTEIG MIT BERGKÄSESCHAUM

Zutaten

Kohlesalzteig
80 g Holzkohle
2 Eier
300 ml Wasser
10 g Heu
600 g Salz
600 g Mehl

Bergkäseschaum
150 g Bergkäse
1 Zwiebel
2 Birnen
3 EL Traubenkernöl
500 ml Wasser
1 Lorbeerblatt
2 EL alter Apfelessig
½ TL schwarzer Pfeffer
Salz

Nussbutter
100 g Butter
2 EL Pinienkerne
1 EL Petersilie

Weiteres
24 Schalotten, geschält
1 Eiweiß

1. Die Holzkohle in ein Tuch wickeln und zerkleinern. Zusammen mit Eiern, Wasser und Heu mit dem Pürierstab mixen. Mit Salz und Mehl vermischen und Teig etwa 5 mm dick ausrollen. Die Schalotten auf einer Teighälfte verteilen. Teigränder mit Eiweiß bestreichen. Nun die andere Teighälfte über die Schalotten klappen und am Rand andrücken. Im Backofen etwa 55 Minuten bei 180 Grad Umluft backen.

2. Bergkäse in kleine Würfel schneiden. Zwiebel und Birnen schälen, in grobe Stücke schneiden und in Traubenkernöl anrösten. Mit Wasser auffüllen und Lorbeerblatt dazugeben. Etwa 40 Minuten köcheln lassen. Durch ein feines Sieb passieren. Bergkäsewürfel, Apfelessig und Pfeffer dazugeben und mit dem Pürierstab schaumig mixen. Mit Salz abschmecken.

3. Für die Nussbutter die Butter zerlassen und braun werden lassen. Pinienkerne und Petersilie hacken und mit der braunen Butter verrühren.

4. Die Salzteigplatte aus dem Backofen nehmen und vorsichtig mit einem Messer aufbrechen. Die Schalotten herauslösen, sofort mit Bergkäseschaum auf Tellern anrichten und mit Nussbutter beträufeln.

Tipp: Kohlesalzteig
Im Kohlesalzteig lässt sich jedes Gemüse und auch Fisch hervorragend garen. Das Aroma bleibt im Vakuum des Teiges vollständig erhalten. Nichts geht verloren, das Salz entfaltet seine Wirkung und würzt das Gargut.

NUDELRISOTTO MIT STEINPILZEN, HEIDELBEEREN UND ROGGENKAS

Zutaten

½ Roggenkas (Ziegenrotschmierkäse)
2 Schalotten
300 g Steinpilze
300 g Reisnudeln
500 ml Molke
2 EL Parmesan, gerieben
40 g Butter
6 EL Heidelbeeren
Olivenöl
Salz, Pfeffer
250 ml Milch

Weiteres
Schnittlauchspitzen

1. Den Roggenkas in etwa 1,5 cm große Würfel schneiden und 1 Stunde bei Zimmertemperatur stehen lassen.

2. Die Schalotten und ein Drittel der Steinpilze klein würfeln und in heißem Olivenöl farblos andünsten. Reisnudeln und Molke dazugeben, leicht salzen und pfeffern. Bei mittlerer Hitze etwa 10 Minuten köcheln lassen. Dabei gelegentlich umrühren. Vom Herd nehmen und Parmesan, Butter und Heidelbeeren dazugeben. Etwa 2 Minuten mit geschlossenem Deckel am Herdrand stehen lassen. Den Deckel wieder abnehmen und vorsichtig umrühren. Nochmals mit Salz und Pfeffer abschmecken.

3. Die restlichen Steinpilze in etwa 3 cm große Stücke schneiden und in heißem Olivenöl anbraten.

4. Die Milch erwärmen, leicht salzen und mit dem Schneebesen schaumig aufschlagen.

5. Den Nudelrisotto mit den angebratenen Steinpilzen, den Roggenkaswürfeln und Milchschaum-Tupfern auf Tellern anrichten. Mit Schnittlauchspitzen garnieren.

Dieses Rezept gehört zu Roland Trettls Klassikern, er hat es schon seit vielen Jahren in seinem Repertoire. Neu ist die Komponente Roggenkas. Steinpilze, Heidelbeeren und Roggenkas bilden für ihn die perfekte Harmonie von herzhaft-erdigem Aroma, leichter, erfrischender Säure und feiner Würze.

KASUS-KARTOFFELNOCKEN MIT PERLZWIEBELN

Zutaten

Kartoffelnocken
500 g mehlige Kartoffeln
100 g Mehl
75 g Butter
125 g Ricotta
100 g Parmesan, gerieben
150 g Walnüsse, gerieben
Muskatnuss
Salz, Pfeffer

Füllung
250 g Kasus (reifer Schnittkäse)
75 ml Sahne
Pfeffer

Perlzwiebeln
30 Perlzwiebeln
60 g Butter
5 EL Balsamicoessig
150 ml Molke oder Gemüsefond
Salz, Pfeffer

Weiteres
2 EL Schnittlauch
4 EL Parmesan, gerieben
1 Steinpilz
4 Walnüsse

1. Die Kartoffeln in der Schale weich kochen, schälen und durch die Kartoffelpresse drücken. Mit Mehl, Butter, Ricotta, Parmesan, Walnüssen, Muskat, Salz und Pfeffer zu einem glatten Teig verarbeiten, 1 Stunde kalt stellen.

2. Für die Füllung den Kasus in kleine Würfel schneiden und mit Sahne unter ständigem Rühren erwärmen, nicht kochen. Mit Pfeffer abschmecken und ebenfalls 1 Stunde kalt stellen. Anschließend aus der Käsecreme etwa 3 cm große Kugeln formen.

3. Perlzwiebeln schälen und in Butter hellbraun anrösten. Mit Balsamicoessig ablöschen und Molke dazugeben. Das Ganze mit Salz und Pfeffer würzen und etwa 15 Minuten bei niedriger Temperatur und geschlossenem Deckel schmoren lassen.

4. Den Kartoffelteig auf einer großzügig bemehlten Arbeitsfläche etwa 5 mm dick ausrollen. Die Kugeln einzeln mit einem Stück Kartoffelteig ummanteln und zu Nocken formen, etwa 4 Minuten in leicht gesalzenem Wasser köcheln lassen. Schnittlauch fein schneiden, mit Parmesan vermischen. Die Nocken in der Parmesan-Schnittlauch-Mischung wälzen.

5. Den Steinpilz in hauchdünne Scheiben schneiden, die Walnüsse vierteln.

6. Die Perlzwiebeln mit dem Sud in Teller geben und die Nocken daraufsetzen. Mit Steinpilzscheiben und Walnüssen garnieren.

MILCHREIS MIT ZWETSCHGENRAGOUT UND KARAMELLISIERTEN KASTANIEN

Zutaten

Milchreis
500 ml Milch
125 g Rundkornreis
1 Prise Salz
40 g Zucker
1 Vanillezucker
1 Prise Zimt

Zwetschgenragout
400 g reife Zwetschgen
500 ml Portwein
100 g Zucker
1 Vanilleschote
1 Prise Zimt

Karamellisierte Kastanien
20 Kastanien
100 g Zucker
20 ml Wasser
25 g Butter
1 Vanillesschote

1. Für den Milchreis die Milch kurz aufkochen. Reis, Salz, Zucker, Vanillezucker und Zimt hinzugeben und bei niedriger Hitze etwa 20 Minuten quellen lassen.

2. Die Zwetschgen halbieren und entkernen. Portwein, Zucker, das Mark der Vanilleschote und Zimt etwa 5 Minuten köcheln lassen. Anschließend die Zwetschgen zugeben, vom Herd nehmen und mit geschlossenem Deckel ziehen lassen.

3. Die Kastanien beidseitig einritzen und auf einem Backblech etwa 20 Minuten bei 220 Grad Ober- und Unterhitze im Backofen garen. Etwa 10 Minuten in ein feuchtes Tuch wickeln. Danach schälen. 4 Kastanien beiseitelegen, die restlichen vierteln.

4. Zucker unter ständigem Rühren trocken in einer Pfanne bei hoher Temperatur erhitzen und hellbraun karamellisieren lassen. Mit Wasser ablöschen. Butter und das Mark der Vanilleschote hinzugeben. Die Kastanienviertel im Karamell schwenken und glacieren.

5. Die restlichen Kastanien fein reiben.

6. Den Milchreis auf Dessertschalen verteilen, das Zwetschgenragout dazugeben und mit den karamellisierten Kastanien anrichten. Mit geriebenen Kastanien bestreuen.

APFELSALAT MIT CAPRIZINO-CREME UND KÜRBISKERNEN

Zutaten

Caprizino-Creme
80 g Caprizino (gereifter Ziegenfrischkäse)
250 ml Milch
30 ml Honig
3 g Agar-Agar (vegetarischer Gelatine-Ersatz)

Apfelcreme
300 g rote Äpfel
20 g Zucker
100 ml Apfelsaft
1 Vanilleschote
40 g kalte Butter

Weiteres
Saft einer Zitrone
4 EL Olivenöl
1 Prise Meersalz
karamellisierte Kürbiskerne
Kürbiskernöl

1. Für die Creme den Caprizino klein schneiden und mit Milch, Honig und Agar-Agar aufkochen. Die Masse etwa 1 Stunde kalt stellen.

2. Anschließend mit dem Pürierstab zu einer glatten Creme aufmixen.

3. Mit dem Julienne-Schneider die Schale in feinen Streifen von den Äpfeln abziehen und beiseitestellen.

4. Für die Apfelcreme den Zucker in der Pfanne karamellisieren lassen. Die Äpfel entkernen, in kleine Würfel schneiden und dazugeben. Mit Apfelsaft aufgießen und aufkochen lassen. Das Mark aus der Vanilleschote kratzen und unterrühren. Das Ganze mit dem Pürierstab aufmixen. Kalte Butter zufügen und gut verrühren.

5. Beide Cremes in Spritzbeutel füllen.

6. Zitronensaft, Olivenöl und Meersalz verrühren und Apfelstreifen damit marinieren. Die Apfelstreifen als Turm auf Tellern anrichten. Abwechselnd je einen Tupfer Caprizino- und Apfelcreme um den Salat drapieren. Mit Kürbiskernen garnieren und mit Kürbiskernöl beträufeln.

Der Caprizino ist Roland Trettls Liebling unter den Capriz-Käsesorten. Er hat einen ganz eigenen Charakter und Geschmack: Fein säuerlich, würzige Noten mit erdigen Anklängen von der Asche und ein leichtes bis intensives Ziegenaroma. Eine wunderbare Kombination mit Apfel, da beides sehr gut miteinander harmoniert.

Capriz Feinkäserei, Museum, Installation „Milchtropfen"

WINTER

Alle Rezepte sind für 4 Personen

1 *Hausgemachte Thymian-Ricotta mit geschmortem Radicchio Trevigiano*
Weinempfehlung:
Sylvaner Bio
Zöhlhof
....80

2 *Kürbiscreme mit Ziegenparmesan-Chips*
Weinempfehlung:
Chardonnay „Kreuth"
Kellerei Terlan
....82

3 *Kastanien-Frühlingsrollen mit Blauschimmelkäse-Dip*
Weinempfehlung:
Südtiroler Sekt „Phineas"
Arunda
....84

4 *Sellerie-Cheeseburger*
Weinempfehlung:
Vernatsch
Gumphof
....86

5 *Gebackene Ziegenmilch mit Rotwein-Melanzane*
Weinempfehlung:
Cuvee „Feld"
Erste+Neue Kellerei
....88

6 *Karotten in der Folie mit Sapperlot*
Weinempfehlung:
Riesling „Goldtröpfchen"
Weingut Haart
....90

7 *Mit Bergkäse gefüllte Bratäpfel*
Weinempfehlung:
Cabernet Sauvignon „Mumelter"
Kellerei Bozen
....92

8 *Tapioka-Creme mit Kokosnuss und Zitrusfrüchten*
Weinempfehlung:
Sylvaner Bio
Zöhlhof
....94

9 *Milchrahmstrudel mit Kloazncreme*
Weinempfehlung:
Passito „Roen"
Kellerei Tramin
....96

HAUSGEMACHTE THYMIAN-RICOTTA MIT GESCHMORTEM TREVIGIANO

Zutaten

Geschmorter Radicchio Trevigiano
4 kleine Radicchi Trevigiani
3 EL Olivenöl
50 ml leichter Rotwein
1 EL Honig
100 ml Wasser
30 g Butter
Salz, Pfeffer

Thymian-Ricotta
1 TL Thymianblätter
1 l Milch
200 ml Sahne
2 g Ascorbinsäure (Reformhaus/Apotheke)
Salz, Pfeffer
2 EL Olivenöl

Weiteres
4 schwarze eingelegte Nüsse
1 Vinschgerle, eingefroren
30 g helle Sultaninen, in Traubensaft eingeweicht
Olivenöl
Thymianblätter

1. Vom Radicchio 16 kleine Spitzen beiseitelegen.

2. Radicchio der Länge nach halbieren, den holzigen Wurzelansatz so abschneiden, dass die einzelnen Blätter noch zusammen bleiben. Die Hälften auf beiden Seiten bei mittlerer Hitze in Olivenöl anbraten. Mit Rotwein ablöschen und Honig zufügen. Anschließend Wasser und Butter dazugeben, salzen und pfeffern. Mit geschlossenem Deckel etwa 5 Minuten bei mittlerer Hitze schmoren lassen, beiseitestellen.

3. Für die Ricotta Thymianblätter mit Milch und Sahne kurz aufkochen, vom Herd nehmen und etwa 30 Minuten stehen lassen. Ascorbinsäure dazugeben und noch einmal aufkochen. Die Masse durch ein feines Küchentuch passieren, bis die Flüssigkeit vollkommen abgetropft ist. Die dadurch entstandene Ricotta vom Küchentuch lösen und in eine Schüssel geben. Mit Salz und Pfeffer abschmecken. Mit Olivenöl und – falls nötig – etwas Milch cremig rühren.

4. Die schwarzen Nüsse in etwa 2 mm dicke Scheiben schneiden. Das gefrorene Vinschgerle in dünne Scheiben schneiden und im Backofen bei 160 Grad Ober- und Unterhitze etwa 5 Minuten schön kross backen.

5. Den geschmorten Trevigiano mit Thymian-Ricotta und knusprigen Brotscheiben auf Tellern anrichten. Mit Radicchio-Spitzen, schwarzen Nüssen und Sultaninen garnieren. Mit Olivenöl beträufeln und mit Thymianblättern bestreuen.

KÜRBISCREME MIT ZIEGENPARMESAN-CHIPS

Zutaten

1 kg Muskatkürbis
100 ml Wasser
100 ml Weißweinessig
100 g Zucker
2 alte Semmeln
200 g Ziegenparmesan, gerieben
Salz, Pfeffer
2 EL Kürbiskerne

① Den Muskatkürbis schälen und entkernen. Mit einem Sparschäler dünne Streifen abschälen (etwa 80 g). Wasser, Weißweinessig und Zucker kurz aufkochen und kalt stellen. Die Kürbisstreifen in dem süß-sauren Sud marinieren und beiseitestellen.

② Für die Kürbiscreme den restlichen Kürbis mit einem Entsafter entsaften. Die alten Semmeln entrinden und in grobe Stücke schneiden. Zusammen mit Kürbissaft, 50 g geriebenem Ziegenparmesan, Salz und Pfeffer etwa 5 Minuten köcheln lassen und dabei gelegentlich umrühren.

③ Für die Parmesanchips 100 g geriebenen Ziegenparmesan dünn und gleichmäßig auf ein mit Backpapier ausgelegtes Backblech streuen und etwa 5 Minuten bei 180 Grad Ober- und Unterhitze backen. Auskühlen lassen und in gleichmäßige Stücke brechen.

④ Kürbiskerne in einer Pfanne bei mittlerer Hitze ohne Öl kurz anrösten.

⑤ Die Kürbiscreme mit einem Löffel zu Nocken formen und je 3 Nocken mit Parmesanchips, Kürbisstreifen und gerösteten Kürbiskernen auf Tellern anrichten. Den restlichen geriebenen Ziegenparmesan darüberstreuen.

Es gibt über 800 verschiedene Kürbissorten. Davon sind natürlich nicht alle essbar. Der Muskatkürbis zählt zu den beliebtesten essbaren Kürbissorten. Er hat einen fruchtig-säuerlichen Geschmack, weshalb er für Süßspeisen prädestiniert ist. Die Kombination mit den salzig-herben Ziegenparmesan-Chips ist besonders reizvoll.

KASTANIEN-FRÜHLINGSROLLEN MIT BLAUSCHIMMELKÄSE-DIP

Zutaten

Frühlingsrollen
20 Kastanien
120 g Zwiebeln
200 g Quitten oder süße Äpfel
200 g Pastinaken
60 g Walnüsse
60 g Traubenkernöl
2 EL Honig
Salz, Pfeffer
1 Ei
8 Blätter Frühlingsrollenteig
1 l Maisöl

Blauschimmel-Dip
100 g mittelscharfer Blauschimmelkäse
80 ml Milch
2 Eigelb
60 ml Maisöl
2 EL Rotweinessig
Salz, Pfeffer

Tipp: Frühlingsrollenteig
Es ist immer praktisch, Frühlingsrollenteig daheim zu haben. Er ist vielseitig verwendbar, da man ihn beliebig füllen kann. Außerdem hält er sehr lang im Tiefkühlfach. Erhältlich im Asiashop.

① Die Kastanien beidseitig einritzen und auf einem Backblech etwa 20 Minuten bei 220 Grad Ober- und Unterhitze im Backofen garen. Anschließend etwa 10 Minuten in ein feuchtes Tuch wickeln, schälen und in etwa 5 mm große Würfel schneiden.

② Zwiebeln, Quitten und Pastinaken ebenfalls in 5 mm große Würfel schneiden. Die Walnüsse grob hacken. Alles zusammen in Traubenkernöl bei mittlerer Hitze anschwitzen. Den Honig dazugeben und bei niedriger Hitze etwa 15 Minuten mit geschlossenem Deckel weich schmoren. Mit Salz und Pfeffer abschmecken. Beiseitestellen und auskühlen lassen.

③ Das Ei in einer Schüssel verquirlen. Die Frühlingsrollenteigblätter nebeneinanderlegen und die Ränder mit dem verquirlten Ei bestreichen. Mithilfe eines Spritzbeutels jeweils ein Achtel der Füllung als etwa 1,5 cm dicken Streifen auf das untere Ende eines Teigblattes auftragen. Die seitlichen Ränder über die Füllung legen, ebenfalls mit Ei bestreichen und alles zusammenrollen. Die Frühlingsrollen in 170 Grad heißem Maisöl in einer Pfanne (ø 20 cm) auf allen Seiten goldgelb ausbacken.

④ Für den Blauschimmel-Dip Käse, Milch und Eigelb mit dem Pürierstab in einem hohen Behälter mixen. Anschließend das Maisöl dazugeben und mit dem Schneebesen einmontieren, bis der Dip cremig wird. Mit Rotweinessig, Salz und Pfeffer abschmecken.

⑤ Je 2 Frühlingsrollen zusammen mit Blauschimmel-Dip auf Tellern anrichten.

SELLERIE-CHEESEBURGER

Zutaten

1 Knollensellerie, geschält
120 g Butter
50 ml Wasser
Salz, Pfeffer
2 Chicorée
1 weiße Zwiebel
200 g Taleggio
4 Vinschgerle

1 Sellerie in 4 runde, 1 cm dicke Scheiben schneiden. Mit 30 g Butter, Wasser, Salz und Pfeffer bei niedriger Hitze 6–8 Minuten in einer Pfanne mit geschlossenem Deckel weich schmoren. Bei Bedarf noch Wasser hinzugeben.

2 Chicorée und Zwiebel in dünne Scheiben schneiden und in 40 g Butter farblos andünsten. Taleggio dazugeben, schmelzen lassen und alles gut verrühren.

3 Vinschgerle halbieren und in 50 g zerlassener brauner Butter anrösten. Die unteren Hälften jeweils mit etwas Zwiebel-Chicorée-Mischung belegen, dann eine Selleriescheibe darauflegen und mit etwas Zwiebel-Chicorée-Mischung bedecken. Zum Schluss die obere Brothälfte auf den Sellerie-Cheeseburger legen.

Wenn es nach Roland Trettl geht, dann muss es nicht immer Fleisch sein. Das stellt er auch bei diesem Gericht wieder unter Beweis. Ein herrlich deftiger Cheeseburger, bei dem es an nichts fehlt.

GEBACKENE ZIEGENMILCH MIT ROTWEIN-MELANZANE

Zutaten

Ziegenmilch-Béchamel
40 g Butter
50 g Mehl
500 ml kalte Ziegenmilch
1 Prise Muskatnuss
Salz, Pfeffer
½ EL Räucheröl (oder Räuchersalz)

Rotwein-Melanzane
8 Melanzane mini Perlina oder
    1 große Melanzane, längs geachtelt
1 Knoblauchzehe
500 ml dunklen Rotwein
    (z. B. Lagrein dunkel)
1 Thymianzweig
1 EL brauner Zucker
Salz, Pfeffer

Backteig
2 Eier
250 g Mehl
12 g frische Hefe
Salz
1 Prise Zucker
125 ml helles Bier

Vinaigrette
3 EL Balsamicoessig
3 EL Olivenöl
Salz, Pfeffer

Weiteres
½ Granatapfel
2 EL Cashewkerne
1 l Maisöl

1. Butter und Mehl farblos anschwitzen, mit kalter Ziegenmilch aufgießen und etwa 5 Minuten kochen, dabei ständig rühren, bis eine glatte Béchamel entsteht. Mit Muskat, Salz und Pfeffer abschmecken, Räucheröl unterrühren. Die Béchamel in eine Eiswürfelform füllen und einfrieren.

2. Für die Rotwein-Melanzane die Melanzane schälen. Den ungeschälten Knoblauch andrücken. Rotwein mit Thymian, Knoblauch und Zucker aufkochen und auf 150 ml reduzieren. Die Melanzane mit der Rotweinreduktion, Salz und Pfeffer bestreichen, in Alufolie wickeln und etwa 35 Minuten im Backofen bei 180 Grad Umluft weich schmoren.

3. Für den Backteig die Eier trennen. Eigelb, Mehl, Hefe, Salz, Zucker und Bier in einer Schüssel gut verrühren. Das Eiweiß steif schlagen und unter den Teig heben.

4. Die gefrorenen Béchamel-Würfel zügig in den Teig eintauchen und in 160 Grad heißem Maisöl goldgelb ausbacken. Danach etwa 5 Minuten bei 120 Grad Umluft im Backofen warm halten.

5. Balsamicoessig, Olivenöl, Salz und Pfeffer zu einer Vinaigrette verrühren.

6. Die Kerne aus dem Granatapfel herauslösen. Die gebackene Ziegenmilch mit den Rotwein-Melanzane auf Tellern anrichten. Die Vinaigrette darüberträufeln. Mit Granatapfel- und Cashewkernen garnieren.

KAROTTEN IN DER FOLIE MIT SAPPERLOT

Zutaten

1 reifer Sapperlot (Rotschmierkäse)
12 mittelgroße Karotten (orange, gelbe und violette)
1 Orange
60 g Butter, in Würfeln
1 Prise Zimt
Salz, Pfeffer
2 Scheiben Pumpernickel
   (Vollkornbrot aus Roggenschrot)
2 EL Pistazien

1. Den Rotschmierkäse 1 Stunde vor der Zubereitung aus dem Kühlschrank nehmen.

2. 4 Karotten entsaften (alternativ 200 ml Karottensaft verwenden). Die restlichen Karotten schälen. Die Orange auspressen. Karotten mit Karottensaft, Orangensaft, Butterwürfeln, Zimt, Salz und Pfeffer in Alufolie wickeln und etwa 40 Minuten bei 180 Grad Umluft im Backofen garen.

3. Pumpernickel fein hacken und Pistazien schälen.

4. Die Karotten aus dem Backofen nehmen und halbieren, Sud auffangen.

5. Karotten auf Tellern anrichten, den Karotten-Orangen-Sud darübergießen, den Rotschmierkäse aus seiner Rinde löffeln und hinzugeben. Mit Pistazien und Pumpernickelbröseln garnieren.

Der Sapperlot ist in Südtirol einzigartig. Es ist ein Kuhmilch-Rotschmierkäse, der mesophil hergestellt wird. Den Namen hat er seinem deftigen Geschmack und Geruch zu verdanken.

MIT BERGKÄSE GEFÜLLTE BRATÄPFEL

Zutaten

Bratäpfel
4 süß-saure Äpfel
1 weiße Zwiebel
60 g Butter
50 g Bergkäse oder Kasus maximus
2 EL Topfen (Quark)
1 Ei
1 EL Mandeln, gehackt
3 EL Weißbrotbrösel
½ EL Petersilie, gehackt
Salz, Pfeffer

Gemüse
2 Stangensellerie
½ Zwiebel
40 g Butter
200 ml naturtrüber Apfelsaft
80 ml Weißwein
Salz, Pfeffer

Weiteres
200 ml Milch

1. Von den Äpfeln einen Deckel abschneiden, mit einem Apfelausstecher das Kerngehäuse ausstechen, sodass eine etwa 1 cm dicke Wand bleibt.

2. Für die Füllung die Zwiebel schälen, klein würfeln und in Butter weich dünsten. Mit Bergkäse, Topfen, Ei, Mandeln und Weißbrotbröseln vermengen. Petersilie dazugeben und mit Salz und Pfeffer würzen. Masse in die ausgehöhlten Äpfel füllen und den Apfeldeckel wieder daraufsetzen.

3. Stangensellerie und Zwiebel in feine Streifen schneiden und in einer tiefen Pfanne mit Butter andünsten. Mit Wein ablöschen und mit Apfelsaft aufgießen. Mit Salz und Pfeffer abschmecken.

4. Die Äpfel auf die Sellerie-Zwiebel-Mischung setzen und 30–40 Minuten im Backofen bei 170 Grad Umluft backen.

5. Die Milch erwärmen, leicht salzen und mit dem Pürierstab aufschäumen.

6. Bratäpfel zusammen mit Zwiebel-Sellerie-Gemüse anrichten und mit Milchschaum garnieren.

Bratäpfel sind landläufig eher als süßes Gericht bekannt. Roland Trettl interpretiert diesen Klassiker hingegen herzhaft. Er spielt dabei mit dem breitgefächerten Aroma und Säuregehalt des Apfels und mit dem würzig-salzigen Geschmack des Bergkäses. Trettl widmet dieser Komposition sogar den Hauptgang.

TAPIOKA-CREME MIT KOKOSNUSS UND ZITRUSFRÜCHTEN

Zutaten

2 Kokosnüsse
1,5 l Molke oder Wasser
100 g Tapioka-Perlen (Reformhaus)
1 l Maisöl
1 Limette
3 EL gesüßte Kokosmilch
3 EL Naturjoghurt
2 rosé Grapefruits
2 Orangen

① Die Kokosnüsse mit einem stabilen Messer über einem Behälter öffnen, dabei das Kokoswasser auffangen. Die Kokosnussschalen beiseitestellen.

② Molke und Kokoswasser zum Kochen bringen, Tapioka dazugeben und so lange bei mittlerer Temperatur köcheln lassen, bis die Tapiokakügelchen glasig sind. In ein Sieb abgießen und mit kaltem Wasser abschrecken.

③ Von den gekochten Tapiokakügelchen 4 Esslöffel auf ein mit Backpapier ausgelegtes Backblech streichen und bei 100 Grad im Backofen 2–3 Stunden trocknen lassen, bis sie ganz hart sind. Anschließend kurz in heißem Maisöl frittieren, puffen lassen und sofort wieder rausnehmen.

④ Die Limettenschale abreiben und mit Kokosmilch, Joghurt und der restlichen gekochten Tapioka zu einer Creme verrühren.

⑤ Mit dem Sparschäler hauchdünne Streifen vom Kokosnussfruchtfleisch abschaben. Limette, Grapefruits und Orangen filetieren.

⑥ In die Kokosnussschalen etwas Tapiokacreme geben. Mit Zitrusfruchtfilets, Kokosnussstreifen und gepuffter Tapioka garnieren.

Tipp: Zitrusfrüchte einfach filetieren
Zuerst das obere und untere Ende der Frucht abschneiden, sodass das Fruchtfleisch sichtbar wird. Anschließend die Frucht hochkant auf eine der Schnittflächen stellen und die Schale mit der weißen Haut von oben nach unten am Fruchtfleisch entlang abschneiden. Nun einfach entlang der Trennhäute die einzelnen Fruchtspalten herausschneiden.

MILCHRAHMSTRUDEL MIT KLOAZNCREME

Zutaten

Strudel
200 g Butter
100 g Staubzucker
9 Eier
30 g Vanillezucker
Schale einer Zitrone, gerieben
50 g Maisstärke
200 g Ziegenfrischkäse
175 g Mascarpone
100 g Zucker
9 Semmeln
300 g Milch
4 Strudelteigblätter

Milchrahm
1 l Milch
20 g Vanillezucker
2 Eier

Kloazncreme
400 g Kloazn (getrocknete Birnen)
150 ml Apfelsaft
40 ml Rum

Karamellisierte Strudelblätter
2 Strudelteigblätter
Butter, Staubzucker

Weiteres
getrocknete Apfelringe
Staubzucker
geschlagene Sahne

① Für den Strudel Butter und Staubzucker schaumig schlagen. Die Eier trennen und das Eigelb nach und nach unterrühren. Vanillezucker und geriebene Zitronenschale ebenfalls untermischen. Maisstärke, Ziegenfrischkäse und Mascarpone verrühren und zugeben. Die Masse glatt rühren. Eiweiß mit Zucker steifschlagen und unter die Masse heben. Die Semmeln klein würfeln, in Milch einweichen und danach ebenfalls unterheben.

② Die Masse gleichmäßig auf die 4 Strudelblätter verteilen und einrollen. Rollen auf ein mit Backpapier ausgelegtes Backblech legen und bei 180 Grad etwa 30 Minuten im Backofen backen.

③ Für den Milchrahm Milch, Vanillezucker und Eier cremig verrühren. Über den Strudel gießen und bei 160 Grad weitere 20 Minuten im Backofen backen.

④ Für die Kloazncreme Kloazn mit Apfelsaft und Rum aufkochen lassen. Dann abdecken und ziehen lassen, bis die Kloazn weich sind. Fein mixen und durch ein Sieb passieren.

⑤ Für die karamellisierten Strudelblätter die Strudelblätter mit Butter bestreichen, mit Staubzucker bestreuen, übereinanderschichten und in Streifen schneiden. Auf ein mit Backpapier ausgelegtes Backblech geben. Bei 190 Grad im Backofen backen, bis sie goldbraun sind.

⑥ Den Strudel mit Staubzucker bestauben und in breite Stücke schneiden. Mit Kloazncreme-Tupfern, karamellisierten Strudelblättern, Sahne und getrockneten Apfelringen auf Tellern anrichten.

KÄSESORTEN UND KÄSETYPEN

Die Einteilung der Käsesorten erfolgt in drei Stufen

Nach Art der Milch

Spricht man beim Käse von Milch, so wird immer von Kuhmilch gesprochen. Ansonsten ist dies besonders hervorzuheben: Ziegenmilch, Schafsmilch, Büffelmilch. Ein weiterer wichtiger Aspekt ist die Art der thermischen Behandlung. Hier wird wiederum unterschieden, ob es sich um einen Rohmilchkäse oder einen Käse aus pasteurisierter Milch handelt.

Nach dem Anteil des Wassergehaltes

Die Unterteilung in Frisch-, Weich-, Schnitt- und Hartkäse erfolgt nach dem Anteil des Wassers, wobei Frischkäse den größten Wasseranteil aufweist und Hartkäse den geringsten.

Nach dem Fettgehalt

Die Käse werden auch anhand ihres Fettgehaltes unterschieden. Damit diese vergleichbar sind, wird immer nur der prozentuale Fettgehalt in der Trockenmasse angegeben. Die Spannbreite reicht von Mager über Halbfett, Vollfett bis Doppelrahm.

Was Sie über Käse wissen sollten

Käsetypen

Frischkäse

Es gibt verschiedene Arten von Frischkäse. Grundsätzlich handelt es sich um frisch hergestellten Käse, der ohne Reifung verzehrt werden kann bzw. aufgrund der geringen Haltbarkeit innerhalb weniger Tage verzehrt werden sollte. Frischkäse sind weich in ihrer Konsistenz und haben ein zartes Aroma.

Weichkäse

Man unterscheidet zwischen Weichkäse mit Schimmelreifung oder Weichkäse mit Rotschmiere. Die Reifung der Weichkäse vollzieht sich innerhalb von zwei bis acht Wochen. Mit zunehmender Reife bekommen Weichkäse ihre geschmeidig weiche Konsistenz und ein intensiveres Aroma.

Hartkäse

Die Härte und der Geschmack von Hartkäse ist vor allem der langen Reifung zu verdanken. Er hat die längste Reifezeit aller Käsesorten. Sie liegt, je nach Sorte, zwischen drei Monaten und über drei Jahren. Je länger die Reifezeit, desto geringer der Wassergehalt und desto fester und würziger der Käse.

KÄSEREIFUNGEN

Blauschimmelkäse

Bei der Herstellung von Blauschimmelkäse werden Edelpilzkulturen eingesetzt. Die ungiftigen Pilze durchziehen den Käse meist aderartig, was durch den Herstellungsprozess bedingt ist. Während des Reifungsprozesses wird der Laib einmal mit langen Nadeln pikiert, damit Sauerstoff in das Innere gelangt und das Schimmelwachstum gefördert wird.

Weißschimmel

Weißschimmel zählt zu der Gruppe der Edelschimmel und verleiht dem Käse Aussehen (weißer Schimmelrasen), Geruch und Geschmack. Je nach Reifegrad reicht dieser von mild-säuerlich bis kräftig-würzig mit leichtem Pilzaroma.

Rotschmierkäse

Rotschmiere ist eine Bakterienkultur. Sie wird bei jungem Käse täglich und nach einer Woche alle zwei Tage mit einer speziellen Ochsenhaarbürste händisch auf den Käse aufgetragen. Sie gibt dem Käse die Farbe und verleiht das unverwechselbare Aroma.

Was Sie über Käse wissen sollten

Affinierte Käse

Unter Affinieren von Käse versteht man sowohl die Reifung und Pflege des Käses als auch seine Verfeinerung mit verschiedenen Zutaten. Affinierungen können je nach Jahreszeit variieren.

Großlochkäse

Die bekannten Löcher im Käse entstehen während des Reifungsprozesses. Dabei werden Propioni-Bakterienkulturen hinzugegeben. Während des Reifeprozesses bilden diese Bakterienkulturen Gase, die im Käse dann zu den Löchern führen. Darüber hinaus sind diese Kulturen auch für den süßlich-nussigen Geschmack verantwortlich.

Käse zum Schaben

Der bekannteste Käse zum Schaben ist der Tête de Moine. Im Gegensatz zu zahlreichen anderen Käsesorten wird er ausschließlich hauchfein geschabt. Die mit der Girolle geschabten Röschen sind heute genauso berühmt wie der Käse selbst.

Küchenutensilien

1. **Hartkäsemesser**
2. **Weichkäsemesser**
3. **Verkostungsmesser** für Schnittkäse
4. **Weichkäsemesser**
5. **Messer** für kleine Hartkäse und Schnittkäse
6. **Käsehobel** für Hartkäse (z. B. Parmesan)
7. **Sahnespender** für die Zubereitung von Cremes, Espumas, Schlagsahne und Desserts
8. **Sushi-Bambusmatte** für die Zubereitung von selbst gemachten Sushi-Rollen
9. **Käsereibe** für besonders harten Käse
10. **Julienne-Schneider** – hiermit schneidet man Gemüse in ganz dünne Streifen
11. **Käseharfe** – ein feines Werkzeug für Frisch-, Weich- und Blauschimmelkäse
12. **Kugelausstecher**
13. **Frischkäsemesser**
14. **Degustationsbesteck mit Messer und Gabel**
15. **Girolle** – Werkzeug für das Schaben des Tête de Moine in hauchfeine Rosetten

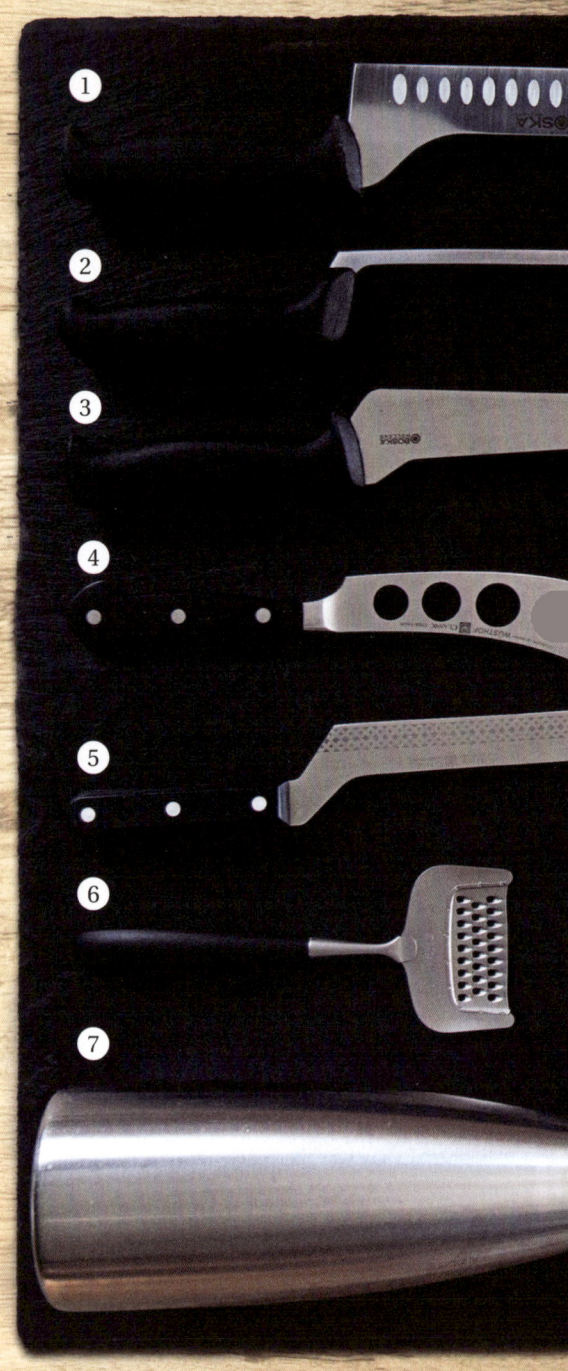

BERNARD ANTONY ÜBER KÄSE UND ROLAND TRETTL

Interview mit dem berühmtesten Affineur Frankreichs

Bernard Antony ist wohl einer der berühmtesten Affineure der Welt und zudem ist er ein guter Freund von Roland Trettl. Seit 1983 macht er das, wofür er heute so bekannt ist. Sein Name ist ein Synonym für edlen französischen Käse. Er führt gemeinsam mit seinem Sohn einen kleinen Laden im Elsass mit vielen Käsespezialitäten, den „Sundgauer Käs Kaller". Hier hat er auch seine Lagerräume, in denen seine etwa 100 verschiedenen Käsesorten reifen, alles Rohmilchkäse – aus Überzeugung. Es geht ihm ausschließlich um Qualität und Genuss. Um beides garantieren zu können, ist er viel unterwegs, besucht Kunden und kontrolliert Lieferanten, die er Freunde nennt. Das ist ihm wichtig, denn das macht eine gute Zusammenarbeit aus: Vertrauen und gegenseitiger Respekt. Seine Freundschaft zu Roland Trettl ist eine besondere. Beide verbindet eine hohe Wertschätzung für die Schaffenskraft des anderen, beide sind Genussmenschen und auf absolute Qualität bedacht.

„Unsere Freundschaft kann man nicht in Käse aufwiegen. Er ist sehr professionell und absolut ehrlich."

Herr Antony, was ist Ihr Erfolgsrezept?

Ausschlaggebend für die Güte meiner Käse ist natürlich die einwandfreie Qualität der verarbeiteten Produkte. Entscheidend für mich ist aber auch, Respekt vor der Arbeit der Fromagiers und der Produzenten zu haben. Ich habe so gesehen gar keine Lieferanten. Ich habe Freunde. Wir alle können nur so gut zusammenarbeiten, wie wir die Arbeit des anderen schätzen und uns vertrauen. Hinzu kommt, dass ich das Glück habe, auf der ganzen Welt die besten Produkte einkaufen zu können. Was mich aber vor allem antreibt, ist mein Wunsch, jeden Tag ein bisschen besser zu werden. Mein alter Lehrmeister hat mir mit seinen 85 Jahren noch gesagt, dass man jeden Tag dazulernt. Und das stimmt.

Ein wirklich guter Käse – worauf kommt es Ihnen dabei an?

Meine Leidenschaft gebührt dem Rohmilchkäse. Für mich ein Ausdruck von reinster Qualität und feinstem Genuss, denn Rohmilchkäse verlangt zum einen sehr gute Milch und zum anderen viel, viel Arbeit und Einsatz der Fromagiers und Affineure. Das muss man auch den Kunden nahebringen, die immer wieder guten Käse mit schönem Käse gleichsetzen. Aber ein guter Käse muss nicht schön sein. Es ist wichtig, ihnen zu erklären, dass sie etwas ganz besonders Gutes essen, nämlich einen Käse, der nicht industriell gefertigt wurde, sondern mit viel Zeit, Expertise, Arbeit und besten Zutaten.

Wie haben Sie Roland Trettl kennengelernt und was verbindet Sie?

Roland ist ein sehr guter Freund. Ich schätze ihn, weil er ein verrückter und zugleich außerordentlich talentierter Koch ist. Sein Ikarus Gästekoch-Konzept hat mich stark beeindruckt. Das erfordert unheimlich viel Disziplin und Flexibilität. Dort haben wir uns kennengelernt. Roland ist natürlich auch mein Kunde, aber das ist ja nur die geschäftliche Ebene. Unsere Freundschaft kann man nicht in Käse aufwiegen. Er ist sehr professionell und absolut ehrlich. Das gefällt mir.

Roland Trettl sagt, dass dem Käse die Hauptrolle gebührt. Dass man ruhig bei einem mehrgängigen Menü auf Fleisch und Fisch verzichten kann. Wie sehen sie das?

Ich würde es so sagen: Ein großes Menü kann nicht ohne Käse funktionieren. Hierfür braucht man mindestens drei bis vier Käsesorten. Denn ohne einen Käseteller zum Abschluss ist ein wunderbares Menü einfach nicht fertig. Und somit spielt Käse zweifelsohne eine wichtige Rolle. Von Käse allein kann man nicht leben. Ich esse alles, habe alles gern, was gut ist.

Kochen Sie gern?

Das Kochen überlasse ich lieber anderen. Da bin ich ein hoffnungsloser Fall. Ich habe das Glück, dass ich überall auf der Welt gut essen darf. Mein Sohn und seine Frau kochen sehr gut und kümmern sich auch um mein Leibeswohl.

KÄSELEXIKON

Wie unterscheiden sich Ziegen- und Kuhmilch bei der Käseherstellung?

Nicht nur die Ziege hat einen eigensinnigen Charakter, sondern auch ihre Milch. Ziegenmilch ist – im Gegensatz zur Kuhmilch – in der Verarbeitung sehr anspruchsvoll. Ein Handwerk, das gelernt und gelebt werden will. Nur durch ständige Kontrolle, ein gutes Gespür und vor allem viel Erfahrung kann gute Qualität auf höchstem Niveau garantiert werden.

Was heißt mesophil?

Bei der Käseproduktion werden generell zwei Arten von Bakterien eingesetzt: mesophile und thermophile. Die Capriz Feinkäserei verwendet nur mesophile Kulturen, d. h. Bakterienkulturen, die mittlere Temperaturen von ca. 30 Grad mögen. Die Reifung des Käses dauert im Gegensatz zu thermophilem Käse länger – wertvolle Zeit, in der der Käse sein einzigartiges Aroma und seinen intensiven Geschmack entwickeln kann. Käse, der auf mesophile Weise hergestellt wurde, erkennt man zudem daran, dass er von außen nach innen reift.

Was heißt thermophil?

Hierbei handelt es sich um Bakterienkulturen, die höhere Temperaturen, zwischen 35 und 45 Grad, benötigen, um den Reifeprozess in Gang zu setzen und Aromen zu entwickeln. Die Reifedauer des Käses ist wesentlich

Was Sie über Käse wissen sollten

kürzer als bei mesophilen Kulturen. Thermophile Kulturen werden überwiegend in der industriellen Käseherstellung verwendet.

Welcher Käse ist wie lang haltbar und warum?

Seit jeher wird Käse durch die Verwendung von Salz haltbar gemacht. Häufig geschieht dies in Form eines Salzbades. Dieses dient zur Konservierung und gleichzeitig als Geschmacksträger für den Käse. Außerdem ist der Wassergehalt des Käses für die Haltbarkeit entscheidend. Hier gilt: Je weniger Wasser der Käse enthält, desto haltbarer ist er. So hat Frischkäse von Capriz zum Beispiel eine Haltbarkeit von etwa 20 Tagen. Weichkäse hält ca. 30 Tage und Schnitt- bzw. Hartkäse sind auch mehrere Monate nach dem Anschneiden des Käselaibes noch ein Genuss.

Wie lagert man Käse richtig?

Käse sollte immer kühl und verpackt gelagert werden. Die optimale Lagertemperatur für Käse liegt zwischen 3 und 8 Grad. Bildet sich auf dem Käse ein weißlicher Film oder ein weißer Schimmel, handelt es sich um einen Milchschimmel. Dieser kann weggeschabt oder weggeschnitten werden und der Käse kann ohne Bedenken verzehrt werden. Schwarze, braune oder farbige Schimmel hingegen deuten auf schädlichen Schimmelbefall.

Wie serviert man Käse richtig?

Nehmen Sie den Käse etwa 30 bis 60 Minuten vor dem Servieren aus dem Kühlschrank. Hier gilt: Je größer der Käselaib, desto früher sollte er aus dem Kühlschrank, um die Zimmertemperatur annehmen zu können. Denn erst bei dieser Temperatur entfalten sich die Aromen. Allzu große Temperaturschwankungen sollten in dieser Zeit vermieden werden, da sie zu einer feuchten Oberfläche des Käses führen können und den Geschmack beeinträchtigen.

Was ist Laktose?

Laktose ist Milchzucker. Es ist ein Zweifachzucker und besteht aus Galaktose und Glucose. Durch das Spalten des Milchzuckers in seine Einzelteile kann die Milch verdaut werden.

Was ist Laktoseintoleranz?

Menschen, die an Laktoseintoleranz leiden, vertragen weder Kuh- noch Ziegenmilch. Ihnen fehlt zur Verdauung des Milchzuckers das Enzym Laktase. Daraus resultieren Verdauungsstörungen. Grundsätzlich können Menschen mit Laktoseintoleranz alle Käse essen, die länger als drei Monate gereift sind, weil der Milchzucker dann bereits abgebaut ist.

KOCHJARGON

Ablöschen

Beim Ablöschen wird angebratenes Gemüse, Fisch oder Fleisch unter Rühren mit Wasser, Wein, Brühe, Fond oder Sahne übergossen. Der Bratensatz löst sich vom Boden und aus dieser aromatischen Flüssigkeit lässt sich dann durch Aufkochen die Grundlage für eine Sauce erstellen.

Ausbacken

Frittieren. Gemüse- und Obststücke in Backteig tauchen und in heißem Pflanzenöl schwimmend ausbacken. Man muss also sehr viel Öl in die Pfanne oder den Topf geben und dieses bis zum Rauchpunkt (stark) erhitzen.

Anschwitzen

Das kurze Garen von Gemüse in wenig Fett bei geringer Hitze. Dabei schwitzt das Gemüse seinen Wassergehalt aus, während es langsam gart. Zwiebeln und Schalotten schwitzt man glasig, goldgelb und weich an, ohne sie dabei zu bräunen.

Blanchieren

Das Übergießen von Lebensmitteln mit kochend heißem Wasser oder das kurzzeitige Eintauchen in kochendes Wasser. Durch das anschließende Abschrecken des Gemüses mit Eiswasser bleibt die Farbe erhalten.

Dünsten

Beim Dünsten werden die Lebensmittel in wenig Flüssigkeit, wie beispielsweise Wasser oder Wein, ohne Bräunung gegart. Bei Gemüse wird manchmal aus geschmacklichen Gründen noch etwas Fett hinzugegeben.

Emulgieren

Das intensive Mischen zweier verschieden dicker – wässriger und öliger – Flüssigkeiten mit dem Schneebesen oder Mixer zu beispielsweise Vinaigrette, Mayonnaise oder Cremes.

Gratinieren

Beim Gratinieren werden Gerichte bei starker Oberhitze überbacken, bis sie eine goldbraune Kruste haben.

Marinieren

Das Einreiben, Einlegen und Einwirken lassen von Gewürzen auf Gemüse, Fisch oder Fleisch zum Intensivieren und Imprägnieren des Geschmacks. Das Marinieren von Lebensmitteln kann einige Stunden oder auch mehrere Tage dauern.

Montieren

Das Aufschlagen von Saucen und Suppen oder eines Pürees mit dem Schneebesen. Meist wird dazu auch kalte Butter eingeschlagen. Die Speise soll dadurch cremig, leicht und luftig werden.

Passieren

Beim Passieren trennt man unerwünschte, meist feste Bestandteile von einer heißen Speise oder Flüssigkeit, indem man sie durch ein Sieb seiht, drückt oder streicht. Das Durchseihen von Flüssigkeiten dient der Zubereitung von klaren Suppen, feinen Saucen und Cremes.

Reduzieren

Das starke Einkochen von Flüssigkeiten wie Fonds, Saucen oder Sahne mit dem Ziel, den Wassergehalt durch Verdunsten zu verringern und so den Geschmack zu intensivieren. Durch die in der Flüssigkeit enthaltenen Stoffe tritt dabei meist auch eine Bindung ein.

Schmoren

Schmoren ist das kräftige Anbraten und anschließend langsame Garen in einem geschlossenen Topf, unter Zugabe von Flüssigkeit. Dabei werden die hinzugefügten und die während des Schmorens entstehenden Aromen vom Schmorgut besonders gut aufgenommen.

REGISTER

Stichwörter mit **roten** Seitenzahlen beziehen sich auf die Rezepte.
Stichwörter mit **schwarzen** Seitenzahlen beziehen sich auf den allgemeinen Teil sowie auf die Tipps.

A
Affinierte Käse 101
Aperitif (TIPP) 46
Apfelcreme 76
Apfel: Maki Rolls mit Ziegenfrischkäse und Apfel 22
Apfel: Mit Bergkäse gefüllte Bratäpfel 92
Apfelsalat mit Caprizino-Creme und Kürbiskernen 76
Apfel-Sellerie-Terrine mit Tête de Moine 60
Apfel-Sellerie-Trauben-Salat mit Kasus maximus 62
Appenzeller: Feigentarte mit Essig-Gelee und Appenzeller 64
Aus Leidenschaft zum Genuss 10
Avocado: Carbonito mit Steinpilzen und Avocado 50

B
Backteig 88
Basilikumöl 42
Basilikum: Peperoni-Kirsch-Gazpacho mit Basilikum-Granita und Caprizino 46
Basilikumtopfen mit marinierten Erdbeeren 36
Bergkäse: Schalotten in Kohlesalzteig mit Bergkäseschaum 68
Bernard Antony über Käse und Roland Trettl 104–105
Blauschimmel-Dip 84
Blauschimmelkäse 100
Blauschimmel: Kastanien-Frühlingsrollen mit Blauschimmelkäse-Dip 84
Blauschimmel: Melanzane-Blauschimmelcreme mit Zucchinistreifen und Kirschtomaten 52
Blumenkohl, gebacken, mit Kräuter-Blattsalaten 20
Bratäpfel: Mit Bergkäse gefüllte Bratäpfel 92

C
Caprizino 14
Caprizino: Apfelsalat mit Caprizino-Creme und Kürbiskernen 76
Capriz Käsesorten 14–17
Capriz Ziegenfrischkäse 14
Carbonito 16
Carbonito mit Steinpilzen und Avocado 50
Cheeseburger mit Sellerie 86

E
Einteilung der Käsesorten 98
Eiswasser (TIPP) 40
Erdbeeren: Basilikumtopfen mit marinierten Erdbeeren 36
Erlebnis Käse 10
Essig-Gelee: Feigentarte mit Essig-Gelee und Appenzeller 64

F
Feigentarte mit Essig-Gelee und Appenzeller 64
Feinkäse in Südtirol 11
Fenchel: Käse-Fenchelsüppchen mit Thymianfrittaten 26
Fenchel: Rucola-Frischkäse mit gebratener Wassermelone und knusprigem Fenchel 40
Frischkäse 99
Frühling 19–37
Frühlingsrollen: Kastanien-Frühlingsrollen mit Blauschimmelkäse-Dip 84
Frühlingsrollenteig (TIPP) 84

G
Garganelli mit Morcheln und Kasus 30
Gazpacho: Peperoni-Kirsch-Gazpacho mit Basilikum-Granita und Caprizino 46
Gebackene Graukaskrapfen 66
Gebackener Blumenkohl mit Kräuter-Blattsalaten 20
Gebackene Ziegenmilch mit Rotwein-Melanzane 88
Gebratener Ziegenkäse auf weißem Spargel 32
Gespräch unter Freunden 06
Gorgonzola: Himbeergrütze mit Gorgonzola-Mascarponecreme 56
Graukaskrapfen, gebacken 66
Griasst enk! 03
Großlochkäse 101
Grüner Spargel mit Ziegello-Schaum und Macadamianüssen 28
Gurken: Pfifferling-Gurken-Eintopf mit Sambucus 48

H
Hartkäse 99
Hausgemachte Thymian-Ricotta mit geschmortem Trevigiano 80
Heidelbeeren: Nudelrisotto mit Steinpilzen, Heidelbeeren und Roggenkas 70
Herbst 59–77
Himbeeren, Verarbeitung (TIPP) 56
Himbeergrütze mit Gorgonzola-Mascarponecreme 56
Hofers Alptraum 15
Honigmelone: Weiße Tomatenmousse mit Mozzarella und Honigmelone 42

I
Interview mit dem berühmtesten Affineur Frankreichs 104–105

K
Kaffee-Schokoladencreme mit Kiwi 54
Karamellisierte Strudelblätter 96
Karotten in der Folie mit Sapperlot 90
Kartoffeln: Kasus-Kartoffelnocken mit Perlzwiebeln 72

Käsecreme 48
Käse-Fenchelsüppchen mit Thymianfrittaten 26
Käselexikon 106–107
Käsemeister & Fromelier aus Leidenschaft 12
Käse-Polenta-Cracker 24
Käsereifungen 100–101
Käsesorten 14–17
Käsesorten und Käsetypen 98–99
Käse-Vinaigrette 44
Käse zum Schaben 101
Kastanien-Frühlingsrollen mit Blauschimmelkäse-Dip 84
Kastanien: Milchreis mit Zwetschgenragout und karamellisierten Kastanien 74
Kasus 16
Kasus-Kartoffelnocken mit Perlzwiebeln 72
Kasus maximus 16
Kasus maximus: Apfel-Sellerie-Trauben-Salat mit Kasus maximus 62
Kirschen: Peperoni-Kirsch-Gazpacho mit Basilikum-Granita und Caprizino 46
Kirschtomaten: Melanzane-Blauschimmelcreme mit Zucchinistreifen und Kirschtomaten 52
Kiwi: Kaffee-Schokoladencreme mit Kiwi 54
Kloazncreme: Milchrahmstrudel mit Kloazncreme 96
Kochjargon 108
Kohlesalzteig (TIPP) 68
Kokosnuss: Tapioka-Creme mit Kokosnuss und Zitrusfrüchten 94
Küchenutensilien 102–103

Kürbiscreme mit Ziegenparmesan-Chips **82**

Kürbiskerne: Apfelsalat mit Caprizino-Creme und Kürbiskernen **76**

M

Macadamianüsse: Grüner Spargel mit Ziegelloschaum und Macadamianüssen **28**

Maki Rolls mit Ziegenfrischkäse und Apfel **22**

Mascarpone: Himbeergrütze mit Gorgonzola-Mascarponecreme **56**

Melanzane-Blauschimmelcreme mit Zucchinistreifen und Kirschtomaten **52**

Melanzane: Gebackene Ziegenmilch mit Rotwein-Melanzane **88**

Melanzane in Alufolie (TIPP) **52**

Milchrahmstrudel mit Kloazncreme **96**

Milchreis mit Zwetschgenragout und karamellisierten Kastanien **74**

Milchschaum **54**

Mit Bergkäse gefüllte Bratäpfel **92**

Molke (TIPP) **26**

Morcheln: Garganelli mit Morcheln und Kasus **30**

Mozzarella: Weiße Tomatenmousse mit Mozzarella und Honigmelone **42**

N

Nudelrisotto mit Steinpilzen, Heidelbeeren und Roggenkas **70**

Nussbutter **68**

O

Olivenöl erhitzen (TIPP) **32**

P

Peperoni-Kirsch-Gazpacho mit Basilikum-Granita und Caprizino **46**

Perlzwiebeln: Kasus-Kartoffelnocken mit Perlzwiebeln **72**

Pfifferling-Gurken-Eintopf mit Sambucus **48**

Pochierte Wachteleier mit Käse-Polenta-Cracker **24**

Polenta-Käse-Cracker **24**

R

Radicchio Trevigiano: Hausgemachte Thymian-Ricotta mit geschmortem Trevigiano **80**

Ricotta: Hausgemachte Thymian-Ricotta mit geschmortem Trevigiano **80**

Roggenkas: Nudelrisotto mit Steinpilzen, Heidelbeeren und Roggenkas **70**

Roggenkas Ziege **15**

Rohnen, frische (TIPP) **44**

Rohnen-Zwetschgensalat mit Käse-Vinaigrette **44**

Rotschmierkäse **100**

Rucola-Frischkäse mit gebratener Wassermelone und knusprigem Fenchel **40**

S

Salat-Käse-Süppchen **24**

Sambucus: Pfifferling-Gurken-Eintopf mit Sambucus **48**

Sapperlot **15**

Sapperlot: Karotten in der Folie mit Sapperlot **90**

Schalotten in Kohlesalzteig mit Bergkäseschaum **68**

Schokolade: Kaffee-Schokoladencreme mit Kiwi **54**

Schüttler **17**

Sellerie: Apfel-Sellerie-Terrine mit Tête de Moine **60**

Sellerie: Apfel-Sellerie-Trauben-Salat mit Kasus maximus **62**

Sellerie-Cheeseburger **86**

Sommer **39–57**

Spargel **28**

Spargel: Gebratener Ziegenkäse auf weißem Spargel **32**

Steinpilze: Carbonito mit Steinpilzen und Avocado **50**

Steinpilze: Nudelrisotto mit Steinpilzen, Heidelbeeren und Roggenkas **70**

Stollenkäse **17**

Sushi-Zubereitung (TIPP) **22**

Süßkartoffel-Espuma mit Vanilleeis **34**

T

Tapioka-Creme mit Kokosnuss und Zitrusfrüchten **94**

Tarte-Teig (TIPP) **64**

Tête de Moine: Apfel-Sellerie-Terrine mit Tête de Moine **60**

Thymian: Hausgemachte Thymian-Ricotta mit geschmortem Trevigiano **80**

Thymian: Käse-Fenchelsüppchen mit Thymianfrittaten **26**

Tomatenmousse: Weiße Tomatenmousse mit Mozzarella und Honigmelone **42**

Tomatenwasser (TIPP) **42**

Trauben: Apfel-Sellerie-Trauben-Salat mit Kasus maximus **62**

Trevigiano: Hausgemachte Thymian-Ricotta mit geschmortem Trevigiano **80**

V

Vanilleeis: Süßkartoffel-Espuma mit Vanilleeis **34**

Verarbeitung von Himbeeren (TIPP) **56**

Vinaigrette **20, 24, 28, 44, 60, 88**

Vinaigrette-Vorrat (TIPP) **20**

W

Wachteleier **24**

Wassermelone: Rucola-Frischkäse mit gebratener Wassermelone und knusprigem Fenchel **40**

Weichkäse **99**

Weiße Tomatenmousse mit Mozzarella und Honigmelone **42**

Weißschimmel **100**

Weizengras (TIPP) **28**

Winter **79–97**

Z

Ziegello **14**

Ziegello: Grüner Spargel mit Ziegello-Schaum und Macadamianüssen **28**

Ziegenfrischkäse: Maki Rolls mit Ziegenfrischkäse und Apfel **22**

Ziegenkäse, gebraten, auf weißem Spargel **32**

Ziegenmilch-Béchamel **88**

Ziegenmilch, gebacken, mit Rotwein-Melanzane **88**

Ziegenparmesan: Kürbiscreme mit Ziegenparmesan-Chips **82**

Zitrusfrüchte einfach filetieren (TIPP) **94**

Zitrusfrüchte: Tapioka-Creme mit Kokosnuss und Zitrusfrüchten **94**

Zucchini: Melanzane-Blauschimmelcreme mit Zucchinistreifen und Kirschtomaten **52**

Zwetschgen: Milchreis mit Zwetschgenragout und karamellisierten Kastanien **74**

Zwetschgen: Rohnen-Zwetschgensalat mit Käse-Vinaigrette **44**

www.capriz.it

Impressum

2015. Alle Rechte vorbehalten © by Athesia AG, Bozen
Fotos: Andrea Chemelli, Ilvy Rodler
Text: Julia Lindner
Korrektorat: Kathrin Kötz
Design & Layout: Mut Creative GmbH
Grafik: Mirjam Schenk
Koordination: Barbara Prieth, Florian Molling
Druck: Athesia Druck, Bozen
ISBN 978-88-6839-080-8
www.athesiabuch.it | buchverlag@athesia.it